学前教育理论分析与课程开发研究

常宏 著

中国海洋大学出版社

·青岛·

图书在版编目（CIP）数据

学前教育理论分析与课程开发研究/常宏著. —青岛：中国海洋大学出版社，2020.4

ISBN 978 - 7 - 5670 - 2557 - 8

Ⅰ．①学…　Ⅱ．①常…　Ⅲ．①学前教育－课程－教学研究　Ⅳ．①G612

中国版本图书馆 CIP 数据核字（2020）第 162427 号

出版发行	中国海洋大学出版社
社　　　址	青岛市香港东路 23 号　　　邮政编码　266071
出 版 人	杨立敏
网　　　址	http：//pub. ouc. edu. cn
电子邮箱	2586345806@qq. com
订购电话	0532 - 82032573（传真）
责任编辑	矫恒鹏　　　　　　　　　电　　话　0532 - 85902349
印　　　制	北京厚诚则铭印刷科技有限公司
版　　　次	2020 年 4 月第 1 版
印　　　次	2020 年 4 月第 1 次印刷
成品尺寸	170mm×240mm
印　　　张	6.5
字　　　数	110 千
印　　　数	1～1 000
定　　　价	36.00 元

发现印装质量问题，请致电电话 010 - 82612242，由印刷厂负责调换。

前　言

　　学前教育是国民教育体系的重要组成部分，是终身教育的开端。学前教育活动的开展，对于孩子学习能力的发展、终身学习意识的培养都具有重要意义。当前，越来越多的国家开始意识到，学前教育具有十分重要的社会价值，可以间接为国家积累财富。因而，关注与发展学前教育已成为国际共识，世界各国也相继出台一些与学前教育相关的法案，同时采取一系列措施来促进本国学前教育活动的开展。我国作为世界上最大的发展中国家，正在迅速崛起，学前教育也成为政府重视、民众关心的重大教育内容之一。尤其是近些年来，国家对学前教育的发展给予了前所未有的扶持，政府部门也相继出台了多部与学前教育相关的纲领性文件，如《幼儿园教师专业标准（试行）》《3—6岁儿童学习与发展指南》《幼儿园工作规程》等。这些纲领性文件对推动学前教育更好地开展具有十分重要的意义。本书笔者主要就学前教育相关理念知识以及主要课程开展进行详细论述，以期为幼儿园教学改革的推进以及教学活动的开展提供参考。

　　本书主要根据学前教育理论知识以及课程开发的相关知识展开，首先介绍了学前教育的产生、发展、特点以及发展趋势等相关知识，让读者对学前教育有准确的认识；其次，从幼儿园课程定义、特点、要素、内容等方面对幼儿园课程的相关知识进行了详细分析，并且分析了幼儿园课程开发的意义与误区；最后，作为本书的重点，笔者详细论述了幼儿园科学教育课程、数学教育课程、音乐教育课程，重点针对课程内容的构建、课程活动实施的创新性以及课程的活动设计等方面进行分析探讨，以期为幼儿园课程的开发与设计提供参考。

　　本书在编写过程中，吸收、借鉴了国内外许多专家、学者在相关方面的最新研究成果和出版文献，在此一并表示感谢。另外，由于编写人员水平有限，不妥之处在所难免，敬请读者批评指正。

作　者

2017 年 10 月

目　录

第一章　导论

第一节　学前教育的产生与发展

学前教育是随着人类社会的发展而产生的，为了使人类社会能够生存延续，人类必须实现自身的生产以及再生产，因此，抚养后代、保证婴幼儿存活与生长的教育就随之产生了，这就是最初的学前教育。

一、原始社会时期的公共儿童教育

在原始社会，因为生产力低下，人类尚无条件组成现代意义的家庭，而以氏族公社的形式生活。在这种情况下，公社内部实行儿童公有制，对幼小儿童以社会公育的形式进行教育，儿童教育成为一种"公共事务"。原始社会没有专门的教育机构和专职的教育者，儿童的学习与其生活和劳动十分自然地融为一体。由于生产资料公有，社会还没有划分阶级，因此，教育是没有阶级性的，幼儿之间没有等级差别，人人享有平等的受教育权。

二、等级社会时期的儿童家庭教育

所谓等级社会，通常指奴隶社会和封建社会。人类进入等级社会之后，学前教育发生了很大的变化。

伴随着原始社会的解体，私有制家庭逐渐取代了原先的氏族制大家庭，而成为相对独立的生产和生活单位，原始公有制下的儿童公育制失去其社会基础而不复存在，因此，养育、教育儿童的责任自然向家庭转移。古代埃及、古代印度、古代波斯等国家在学校产生之前，家庭承担儿童的全部教育工作；学校产生之后，学前教育客观上成为一个相对独立的教育阶段——入学之前的教育阶段。但是，大多数入学之前的儿童教育仍然在家庭中进行。这是因为最早的学校主要是为奴隶主贵族服务的宫廷学校，一般民众（更不用说奴隶）的子女无法进入，因此，社会上大多数学龄儿童的教育仍然是在家庭中完成的。

私有制的产生以及阶级的出现，使得上层剥削者和底层劳动者之间的分化日益清晰、固定，脑力劳动和体力劳动也逐渐被人为地分成两个不相容的领域。文化知识教育成了统治者的专利，教育包括学前教育表现出强烈的等级性。等级社会的突出特点是世袭制——社会地位和职业父子相承。世袭制必然导致受教育权的等级性和不平等性，儿童从小就必须严格按照父辈的社会地位和职业接受相应的教育。这一点，无论是在东方还是在西方，无论是在奴隶社会还是在封建社会，本质都是一样的。

三、工业社会早期幼儿公共教育机构的出现

17 世纪中期，社会生产力的发展终于冲破了封建社会的堤坝，英国爆发了资产阶级革命，资本主义制度首先在欧洲建立起来。到 19 世纪初，近代工业革命到来，大机器工业生产在欧洲得到迅速发展，大量小农、小手工业者被迫进入大工厂做工，妇女也被迫走出家庭进入工厂，而不能在家养育孩子，于是造成了严重的社会问题。出于对工人阶级子女的同情，也出于对社会问题的思考，一些社会开明人士、慈善家、宗教界人士和自治团体、行会陆续开始兴办弃儿教育院、孤儿院、救济院等贫儿救济设施。这种在资本主义初期作为社会救济措施的幼儿"保护"设施，虽然多数简陋，但的确为近代幼儿公共教育事业的出现营造了一种氛围。

作为首个进入资本主义社会的国家，英国成立了世界上第一所专门的学前教育机构——"幼儿学校"。英国空想社会主义者欧文于 1816 年创办了招收 1～6 岁婴幼儿的"幼儿学校"。欧文的幼儿学校，开了近代史上对 6 岁以下的儿童实施专门的、真正意义上的学前公共教育的先河，拉开了世界近代学前教育事业发展的序幕。在幼儿学校的影响下，英国、法国和德国等西方主要工业国家的幼儿公共教育机构纷纷出现。从此，等级社会中的学前教育仅仅在家庭中进行的封闭模式被打破，学期教育向着开放的社会化形式迈出了意义重大的一步。

如果说欧文的幼儿学校开创了近代学前教育的先河，并在 19 世纪上半叶独领风骚的话，那么，19 世纪下半叶，对西方各国学前教育影响最大的，则是福禄贝尔的幼儿园教育理论和实践。德国学前教育家福禄贝尔于 1837 年创办了一所幼儿学校，并于 1840 年将它正式命名为"幼儿园"。福禄贝尔是作为人类历史上第一位职业学前教育理论家和实践家而闻名于世的。福禄贝尔一生对人类最伟大的贡献在于，他最早创

立了一套比较完整的学前教育理论和实践体系，使得学前儿童公共教育成为教育理论和教育实践中一个独立领域，人们为了纪念他为学前教育所做的贡献，称他为"幼儿园之父"。

福禄贝尔所创立的幼儿园教育理论以及其构建的实践体系，与他精心为学前教育机构所起的寓意深长的名字"幼儿园"——儿童成长的乐园一样，很快便在全世界范围内广泛传播开来。然而，与欧文式幼儿学校不同的是，福禄贝尔式幼儿园首先得到的是中、上层阶级的青睐。一些已经兴办起以贫儿为主要对象的幼儿学校、托儿所的老牌资本主义国家，如英国、法国，开始引进福禄贝尔式幼儿园，以满足资产阶级的需要；而那些资本主义发展相对较晚的国家，如日本、俄国，其幼儿公共教育可以说是从引进福禄贝尔式幼儿园开始的。这使得这些国家的学前教育事业走的是另一条路线——从满足有产阶级的子女接受早期教育的需要起，逐渐延伸至劳动阶级、贫苦大众的自上而下的路线。19世纪下半叶，福禄贝尔式幼儿园的影响开始超过幼儿学校而成为遍布西方资本主义国家的幼儿园的主要形式。

四、现代社会学前教育的发展

19世纪末到20世纪40年代是世界学前教育的发展期。这一时期，在蔚为壮观的儿童研究运动和儿童中心主义教育改革运动的推动下，社会对儿童及早期教育价值的认识和期望有了较大提高，尊重和保护儿童权利的意识开始觉醒。不少国家开始通过教育立法的形式，把学前教育纳入国民教育体系，使之成为学制的组成部分。国家的重视和直接介入给世界学前教育事业带来了发展契机，使得一向以私人慈善事业身份出现的学前教育成为一项国家制度和公共事业。

第二次世界大战结束至今是世界学前教育的普及与提高期。学前教育乘世界教育改革的东风进入发展的新时期，不仅普遍获得国家的认可和支持而且朝着民主化、普及化的方向大步前进，自身的质量也在改革的过程中迅速提高。

现代社会学前教育的发展具有如下特点。

（一）学前教育机构迅速增加，入园率提高

随着社会的不断发展以及个人观念的转变，幼儿园数量迅速增加，尤其是进入小学前一年的教育。例如，法国、日本、美国、苏联等国家幼儿园的普及速度很快，入园率都在90％以上。不过，由于各国在经

济水平、教育政策、文化传统、生活习惯等方面存在不同，各国幼儿入园率差别较大，幼儿园发展速度也不同。

（二）类型多样的学前教育机构

为了满足不同家庭对学前教育机构的不同需求，机构类型日趋多样化，除了比较正规的托儿所、幼儿园以外，还有许多因地制宜、方便灵活的社会教育机构。社区幼儿教育中心也是较常见的幼儿教育机构。从学前教育机构提供服务的时间上来看，有全日制、半日制、钟点制、季节性甚至临时看管性的各种类型的机构。从经费来源上来看，有政府办的，也有私人、社会团体或企业办的学期教育机构。类型多样的学前教育机构的出现，一方面适应和满足了不同家庭的需要，另一方面也创造了各种条件，使更多的幼儿入园受到教育。

（三）学前教育质量越来越高

自20世纪80年代以来，世界各国学前教育就改革了教学目标，以创造高质量的学前教育，促进学前儿童身心全面和谐发展为最终目标。由于教师水平的提高是高教育质量的重要条件，因此师资质量就成为衡量教育质量的重要标准。世界各主要发达国家，如美国、英国、法国、日本等，都将幼儿教育师资要求提高到了大专以上水平，并实行专门的教师资格制度。同时，教师教育价值观的进步，使尊重儿童、保障幼儿权利、让幼儿全面发展、让幼儿主动学习成为世界幼儿教育工作者的共识。这一系列的改变使学前教育质量得到了较大的提升。

第二节　学前教育特点及发展趋势分析

自20世纪80年代以来，加强学前教育成为世界未来教育的主要目标之一。学前教育作为整个教育的基础，逐步被纳入终身教育体系，许多国家凭借教育学、心理学、生理学和卫生学等方面取得的科研成果，尝试新的改革，以促进本国学前教育的发展。学前教育的目标、制度、内容、方式和方法等都出现了一些新的发展趋势。

一、出现多元化的学前教育机构和课程模式

学前教育是培育儿童的社会活动，儿童的复杂性和社会的复杂性决

定了学前教育的复杂性。因此，学前教育的机构和课程模式也不可能是单一的，必然是多种多样的。随着整个社会和学前教育的发展，人们对学前教育机构在种类、功能和质量上都提出了更高的要求，为学前教育机构的发展提供了契机，同时也提出了挑战。

（一）学前教育机构日益多样化和灵活化

现代世界各国学前教育事业都有较大发展，为适应学前教育普及的需要，满足现代社会和家长的各种需求，学前教育机构越来越多样化。国家、团体、企业、私人等开办的各种学前教育机构，在结构、规模、教育目的、教育方法、教育内容等方面各不相同、各有特色，促进了学前教育机构向着形式多样化、功能多样化、组织多样化、教育多样化的方向发展。根据幼儿在园时间的长短，学前教育机构除了有全日制、半日制类型的机构之外，还有季节性、临时性的等入托时间灵活的机构设施。随着学前教育理论的百花齐放，蒙台梭利幼儿园、瑞吉欧幼儿园等纷纷出现。有的国家还出现了一些微型化和家庭化的学前教育机构，如瑞士和挪威等国有被称作"日间妈妈"的家庭式微型幼儿园。这类教育机构仍以裴斯泰洛齐和福禄贝尔重视家庭教育的观点为指导，把家庭视为学前教育的主体。德国也有许多家长并不希望孩子过早进入托幼机构，而是希望孩子早期在家庭氛围中成长，因此各种形式灵活并且在家庭经济能力范围内提供家庭日托服务（tagespflege）迅速发展，其形式、时间都相对灵活，也可以代为照管参加半日幼儿园离园后的儿童。2013 年的统计结果表明，在德国有 20.4％的 3～6 岁儿童在托幼机构外接受灵活多样的托管服务。英国也有很多家庭开办保育机构，承担家庭保育工作的家庭全年全日开放，由主妇负责教育自己孩子和别人孩子的任务，最多只允许照看 3 个 5 岁以下的儿童（包括自己的孩子）。除此之外，美国、日本、英国和澳大利亚等发达国家的社区学前教育设施比较完备，大致有三种：一是专为儿童设立的，如儿童馆、儿童咨询所、儿童公园等；二是为儿童与家长共同参与服务的，如图书馆、博物馆、儿童文化中心和各种终身教育中心等；三是所谓的"父母教育"，如母亲班、双亲班和家长小组会议等。

（二）出现多种幼儿园课程模式

20 世纪 60 年代中期以来，随着欧美等发达国家对学前教育的重视及对学前教育质量的关注，课程模式的开发和研究逐渐成为国际学前教育领域的重点和热点之一。伯纳德·斯波代克（Spodek B）指出在1975 年参加纵向研究联盟（Consortium for Longitudinal Studies）的课程模式就有 11 种。而斯泰斯·戈芬（Goffin S.）则指出，在 1971 年参与"坚持到底计划"的课程方案之中就有 22 种课程模式，而到 1980 年则共有 19 种课程模式参加了试验，其中就包括银行街教育学院模式、高宽认知取向课程模式、行为分析模式、开放教育方案等。由此可见当时课程模式研究之热度。而后，经过 20 世纪 80 年代的沉寂，进入 20世纪 90 年代，由于学前教育对于反贫困、学校改革和社会发展的作用日益得到肯定，课程模式的研究又成为人们关注的焦点。进入 21 世纪之后，课程模式的发展开始趋向多元化，并寻求多种方式为儿童及其家庭提供服务，因而，对于学前教育中 0～5 岁课程方案的需求在急速发展。为那些被确定为处于教育危机中的 3～4 岁儿童提供的新型和扩展性的课程方案在急剧增多。

这些课程模式受到不同学术派别的影响和渗透，呈现出各自的特色和体系。美国的学前教育课程专家大卫·韦卡特（David Weikart）和刘易斯·米勒（Louise Miller）等人对直接教学模式、开放教学模式和儿童中心模式进行比较研究后发现，不同的课程模式都有其作用发挥的不同领域。有的模式在对儿童进行知识教育和语言训练方面有优势，有的模式在对儿童进行思维能力的培养方面有优势，有的模式在儿童的社会性发展方面有优势，不同模式对不同性别的儿童也有不同的教育效果。也就是说，世界上并不存在一种最好的、普遍适用的课程模式。为了能适用于不同社会文化中的不同儿童，各种课程模式各有侧重、各有长处，不存在孰优孰劣的问题。在学前教育中，最好的方法是多种课程模式相互结合、相互补充、相互转化和相互促进，课程模式的综合化已成为当前幼儿园课程建设的明显趋势。

二、重视托幼一体化

随着生理学、认知神经科学、心理学、教育学及相关学科的发展，人们对 0～3 岁婴幼儿的发展的认识不断深入，对托班儿童教育重要性的认识更加深刻，教育从人降生的那一刻就已经开始的观念更加深入人心。世界上各国相继提出建立 0～6 岁儿童托幼一体化教育体系，这意味着 0～3 岁婴幼儿的教育进入公众的视野，被纳入终身教育的体系；意味着承认 0～3 岁婴幼儿的教育不只是为了解除家长的后顾之忧，不只是一种社会福利，更是一种影响人身心发展的活动，它与 3～6 岁儿童的教育一样，对人一生的发展具有重要的价值；意味着将0～3岁和3～6岁儿童的教育视为有机联系、相互关联的两个阶段，它们都能得到政府相关职能部门的关注，能得到政府的财政投入。

（一）重视0～3岁婴幼儿的早期教育

过去，在大多数人眼中，0～3岁婴幼儿是无能无为、完全依赖成人的，因此教育对这一年龄阶段的孩子是没有意义的。然而，这一观点被近20多年来的生理学、心理学、脑科学、神经科学研究成果否定。1989年，美国率先推出了全国性的脑科学计划，把1990—2000年命名为"脑的十年"，并推出了以开发右脑为目的的"零点工程"。美国"脑的十年"计划推出后，国际脑研究组织（International Brain Research Organization，IBRO）和许多国家相应的学术组织纷纷响应，推动"脑的十年"计划成为世界性的活动。1991年，欧洲出台了"欧洲脑的十年"计划。1996年，日本启动为期20年的"脑科学时代"计划。自此关于大脑的研究成果描绘出一个有能力的婴幼儿形象："婴儿一出生就做好了学习准备。他们是非常出色的学习机器；他们的大脑使他们变成这样。"

在生命早期所发生的事情对儿童的成长与学习产生长期的影响。正如联合国儿童基金会前执行主任卡罗尔·贝拉米所说：在孩子出生后的前36个月，大脑的信息传递通道迅速发育，支配孩子一生的思维和行为方式的运动神经元处于形成阶段。当孩子学习说话、感知、行走和思考时，他们用以区分好坏、判断公平与否的价值观也正在形成。毫无疑问，这是孩子一生中最易受外界影响的阶段，也是最需要社会关怀的时期。对生命早期的这种能力的发现，是人类对自身认识的重大突破，也为人类对自身资源的开发找到了突破口，更为教育从零岁开始的可能性找到了科学的依据。因此，如果在儿童早期对他们施以恰当的影响，将会最大限度地促进儿童的发展。

从20世纪90年代开始，世界各地开始轰轰烈烈地开展早期教育运动。例如，1994年，美国国会开始实施专门为低收入怀孕妇女和婴儿、学步儿及其家庭服务的"早期提前开端计划"（Early Head Start，EHS）。"早期提前开端计划"从实施起就受到美国政府和民众的极大关注。2009年《美国复兴与再投资法案》（American Recovery and Reinvestment Act）为"提前开端计划"和"早期提前开端计划"拨款10亿美元，用于扩展对3岁以下婴幼儿及其家庭的早期教养服务。截至

2011 财政年度，该计划已在美国 50 个州以及哥伦比亚特区、波多黎各自治邦和美属维京群岛设有 1027 个服务站点，为 147 000 名 3 岁以下婴幼儿提供服务。1998 年英国政府推行"确保开端计划"，为贫困家庭的 0～5 岁儿童及其父母提供医疗保健、儿童保育、早期教育以及家庭支持等多项服务内容。2010 年财政拨款削减后，英国政府着重强调要确保弱势儿童群体的开端教育，特别是 0～2 岁儿童的教育。除此之外，新西兰于 1993 年启动的著名的 0～3 岁儿童早期教育计划——"普鲁凯特计划"、以色列的"0～3 教养计划"等都是国家对 0～3 岁婴幼儿早期教育的有益尝试。从我国的情况来看，2001 年 5 月国务院批准印发了《中国儿童发展纲要（2001—2010）》，第一次提出要"发展 0～3 岁儿童早期教育"。2003 年国务院办公厅转发了教育部等十部委《关于幼儿教育改革与发展的指导意见》，明确提出"为 0～6 岁儿童和家长提供早期教育和保育服务"，"全面提高 0～6 岁儿童家长及看护人员的科学育儿能力"。2010 年《国家中长期教育改革和发展规划纲要（2010—2020 年）》指出要"重视 0～3 岁婴幼儿教育"。这些表明，进入 21 世纪，0～3 岁婴幼儿早期教育工作已开始进入我国的国家决策。

（二）逐步推进保教一体化

0—6 岁是一个年龄特征跨度很大的阶段，在这个阶段，儿童处于发展较快的时期，身心发展也有很大的跨度，0～3 岁阶段与 3～6 岁阶段的儿童在心智发展水平上存在质的差别，对他们的教育也应存在差异，但同时更应该将这两个阶段有机联系起来。从 20 世纪 90 年代开始，许多国家纷纷开始担负起支持和发展 0～3 岁婴幼儿教育的重要职责，分别从立法、行政、管理、标准等各个方面对 0～3 岁阶段与 3～6 岁阶段幼儿教育的服务体系进行全面整合，推进保教一体化进程。

以英国为例，在行政方面，1997 年之前，0～3 岁婴幼儿教育与保育由社会安全部主管，3～5 岁幼儿教育由教育与就业部管辖。1998 年新工党政府实施"全国儿童保育战略"，在中央层面对学前儿童保育和教育进行行政整合，将儿童保育机构的管理职责从福利部门转移到当时的教育与就业部，并设立两个下属部门分管儿童保育和早期教育事务。随后这两个部门合并为"儿童早期教育和保育办公室"，该办公室于 2002 年底与"确保开端计划"合并，由"确保开端办公室"统一负责儿童早期教育、保育以及确保开端项目的相关事宜。在课程方面，21 世纪初仍存在多个涉及儿童早期保育和教育服务的国家标准，如《0～3

岁很重要》《8 岁以下儿童日托和居家保姆全国标准》《基础阶段课程指导》，这些不同的标准应用于不同类型的、具有不同服务目标和受众群体的托幼机构。其中，《0～3 岁很重要》和《基础阶段课程指导》分别为 0～3 岁儿童和 3～5 岁儿童提供课程指导和发展框架，《8 岁以下儿童日托和居家保姆全国标准》则针对不同类型的保育机构设立了 14 项国家标准。随着整合学前儿童保育和教育服务这一理念在政策和实践领域的逐步深入，《早期基础阶段》随之出台。它整合了前面所述三种标准，建立起 0～5 岁儿童学习、发展和保育统一的政府框架，并从 2008年 9 月开始在英国全面实施。

澳大利亚原来将托儿所与幼儿园分开，后来日益重视托幼一体化，于 2012 年制定并实施了《学前教育及儿童保育国家质量框架》，对 0～5 岁儿童保教机构采用了相同的注册、质量评估标准要求，并对保教机构的管理进行了行政整合，全部由儿童教育和保育质量管理局统一管理，并且建立了 0～5 岁儿童学习、发展、保育的统一标准，消除了儿童早期教育和保育的法定界限，从制度上促进了保教一体化进程。

韩国国会于 1991 年 1 月讨论通过并于 8 月颁布实施的《婴幼儿保育法案》指出，保育事业由单纯的"保育"发展为"保育"与"教育"相结合的"保教"，之后开启了 0～6 岁托幼一体化的管理。

三、重视学前教育质量

（一）制定国家早期学习标准

所谓"早期学习标准"（Early Learning Standards）就是通过文件的形式对不同年龄阶段的儿童在各个领域发展中"应该知道什么、会做什么"进行界定，以达成对年幼儿童学习期望的共识，帮助教师、家长等更有目的地开展教育活动，改善儿童的学习效果。早期学习标准的积极价值主要体现在以下几个方面：第一，标准统一了对不同年龄段学前儿童的期望，帮助保教人员和家长就儿童知道什么和能做什么形成基本共识；第二，标准的制定有利于早期教育课程的编排，教师能够有的放矢地开展活动，从而改善儿童的学习效果，同时为儿童基本能力的发展建立可靠的评估依据；第三，标准建立了可靠的内容体系，并与基础教育阶段的标准相联系，为幼小衔接和儿童的入学准备提供了依据；第四，标准的制定有利于规范学前教育机构的教育活动，保证早期教育质量；第五，标准关注弱势群体，有利于促进教育公平。由此可见，早期学习标准的制定是标准化运动由中小学教育领域向早期教育领域的延伸，这成为保障学前教育质量的重要措施。

21 世纪以来，以美国为代表的一些发达国家为确保学前教育的质量，提高学前儿童的入学准备水平，纷纷为早期儿童的学习与发展制定早期学习标准或早期学习指南（Early Learning Guidelines）。例如，实行教育分权制的美国已在 2009 年完成了各州早期学习标准制订与发布工作，其中部分州已率先完成了对已颁布标准的修订工作。英国政府于 2006 年设立了《早期基础阶段》 （Early Years Foundation Stage，EYFS）以后，经过广泛征求意见和多方论证，2008 年制定颁布了《早期基础阶段法定框架——0～5 岁儿童学习、发展和保育标准》（Statutory Framework for the Early Years Foundation Stage：Setting the Standards for Learning，Development and Care for Children from Birth to Five），形成了专门为 0～5 岁儿童制定的学习与发展的国家统一标准，该标准于 2012 年和 2014 年又分别进行了修订。

不仅是在发达国家，一些发展中国家也开始制定和推行早期学习标准。2002 年，联合国儿童基金会在全球范围内启动了"遍及全球"（Going Global Project）项目，旨在从保护儿童权利的角度出发，通过帮助发展中国家制定明确的早期儿童学习与发展标准，来促进其学前教育质量的提高，帮助儿童做好进入小学的准备，进而推动教育的"起点公平"。由此，20 多个发展中国家开始了本国早期学习标准的制订工作，多个发展中国家已经完成标准的制订和实施。例如，我国教育部于 2005 年启动《3～6 岁儿童学习与发展指南》（以下简称《指南》）的研制，在对全国 3～6 岁儿童学习与发展状况进行深入调研的基础上，通过向全国幼教界、家长和全社会多次征求意见，通过和全世界几十个发展中国家相互学习与借鉴，完成了《指南》的制定工作，并于 2012 年正式颁布实施。

（二）重视学前教育机构质量及其评价

托幼机构对儿童的影响不是取决于儿童在托幼机构所待的时长，而是取决于托幼机构的教育质量。学前教育机构质量是学前教育质量的重要内容，重视学前教育机构质量评价是促使托幼机构不断深化教育改革、提高教育质量的重要手段。关注学前教育机构教育质量，开展学前教育机构质量评价，是当前学前教育事业发展中的热点与难点问题，也是当代各国学前教育发展的一个重要趋势。

例如，美国在评估教育机构的教育质量时，通常采用"认证"制度。自 1984 年全美幼儿教育协会（National Association for the Education of Young Children，NAEYC）发布早期教育机构认证制度以来，该制度在美国已经得到了儿童早期保教人士的广泛认同，同时在全球范围内也产生了较大的影响。从 1999 年开始，全美幼儿教育协会在已有认证制度的基础上开始重新构建认证体系，并于 2006 年正式运行了最新版本的《幼儿教育机构质量标准与认证体系》（Early Childhood Program Standards and Accreditation Criteria）。《幼儿教育机构质量标准与认证体系》中的认证内容分为四个领域，共包含 10 条标准。《幼儿学习环境评量表（修订版）》（Early Childhood Environment Rating Scale，Revised Edition，ECERS-R）也是由美国学者研发并在世界范围内得到认可的权威工具，已被翻译为多种文字版本，在全世界几十个国家和地区中使用。它包含 7 个子量表、43 个项目，强调从儿童、成人与环境的互动中来评价幼儿园的办园质量。德国联邦家庭、老人、妇女、少年儿童工作部于 1999 年发起了一项规模庞大的研究计划——全国儿童日托机构系统质量推动研究，第一次在跨州和跨组织的研究基础上着手制订一个规范日托机构质量的标准体系，该项目的主要研究成果《儿童日托机构的教育质量：国家标准集》于 2002 年出版。它包含 5 个层次、20 个领域、1364 条质量标准，成为德国托幼机构改进教育工作的指南。

我国虽然没有从国家层面出台过一套完整的、系统的、公认的、直接针对学前教育机构质量的评价工具体系，但多个省（市、自治区）都已制定示范园评价标准、普通办园质量标准，也有一些研究者进行过关于学前教育质量评价的探索。《国家中长期教育改革和发展规划纲要 2010—2020 年》提出"把提高质量作为教育改革发展的核心任务"，鉴于此，我国在追求学前教育普及的同时也强调质量的提高。

四、重视幼儿园教师专业发展

专业的教师队伍是保障幼儿园教育质量的关键因素之一，同时对学前教育事业的发展至关重要。1966 年联合国教科文组织发布《关于教师地位的建议》，提出了教师职业的专业化，以此提升教师地位和实现教师权益。自此，世界范围内掀起了一场声势浩大的"教师专业化"运动。而 20 世纪 80 年代以后，教师专业化运动追求的目标从教师权益转移到教育质量上。通过提高幼儿园教师水平进而促进幼儿园教育质量的提升已成为国际社会共识。联合国教科文组织在《教育：财富蕴藏其中》中就立场鲜明地指出教师质量的重要性，认为"无论怎样强调教学质量亦即教师质量的重要性都不过分"。自 20 世纪末以来，教师专业发展成为推进优质教育的重心，越来越多的国家将促进幼儿园教师专业发展作为其学前教育改革与发展的关键环节，实施的途径包括保障幼儿教师的工资与待遇，提高幼儿教师的社会地位，规范幼儿教师资格考核制度，以及为幼儿教师提供更加有效的在职培训选择，等等。

（一）提高教师入职标准和教师待遇

教师入职标准是指教师从事这一职业必须达到的基本条件。建立幼儿园教师入职标准，通过一系列目标明确、具体可行的指标规定出对"合格的未来幼儿园教师"的要求，可以从入职源头保证幼儿园教师队伍的质量和专业化水平，因此，提高幼儿园教师的入职标准成为各国促进教师专业化发展的共同举措。例如，法国幼儿园教师必须通过国家级别的考试，而这种考试只针对那些已获得准入凭证的教师开放，并规定只有拥有三年制高等教育文凭的人才可以参加此类考试。瑞典通过了为缩小小学和各种学前教育工作者差距而进行的学前教育教师培训制度改革，改革后，幼儿园老师与小学老师都将接受相同时间的大学教育，即共计三年半的学习时间。在比利时、丹麦、德国、希腊、爱尔兰、卢森堡、葡萄牙和芬兰等国，幼儿园教师被要求在中学毕业后再完成至少三年的继续教育。在西班牙，幼儿园教师需要最低获得硕士学位。印度政府规定，学前教育教师资格证书的获得需接受一学年，150 个教学日的高等教育。墨西哥政府规定获得学前教育教师资格需具备四年制的学士学位。埃及政府针对不同的幼教机构和工作对象对于幼儿园教师的入职资格分别做出了规定：对于招纳 4～6 岁儿童的幼儿园，教师必须有四年制的相关本科学位（如学前教育、社会工作、心理学、教育学等）。南非要求入职教师必须修满 480 个教育学学士学位学分或在初级学位学分的基础上修满 120 个高级教育文凭学分，上述学分一般都包含 120 个实践能力学分；在语言方面要求精通一门官方语言。

此外，幼儿园教师具有何种身份、享受何种待遇以及社会地位如何，直接关系到幼儿园教师的自我认同感和职业忠诚度，以及整个幼教师资队伍的稳定与发展，因此，很多国家通过法律法规明确幼儿园教师的身份定位，保障并不断提高幼儿园教师的基本待遇，促进教师队伍的稳定与其专业水平的提高。例如，日本早在 20 世纪 40 年代末即在《教育公务员特例法》中明确规定：凡是按照日本《学校设立法》规定所设立的国立、地方公立的包括幼儿园在内的各级各类学校的校长、副校长、幼稚园长、教师、专职教育研究人员以及各地方教育委员会的教育长和教育行政管理人员等通过教育为全体国民服务的教职员工为日本的教育公务员。这说明日本已明确幼儿园教师具有同其他学段教师同等的身份和法律地位，并享有公务员同等地位。而且，日本政府为提高学前教育教师队伍的质量，鼓励更多优秀人才从事学前教育工作，近年来大幅提高幼儿园教师工资待遇，并对志愿任教的学生实行奖励制度，国立和公立幼儿园教师工资比一般国家公务员高出20％左右。这一切措施使得幼儿园教师职业成为该国具有较高社会地位与社会声望的职业，也因此具有较高竞争性。法国与日本情况相似。由于法国幼儿园教师具有准公务员身份，中央财政直接拨付幼儿园教师工资，其工资待遇非常有保障，社会地位也较高。为了确保学前教育质量，巴西也非常注重提升教师水平，为此创立了"基础教育发展和提高教师待遇基金"，规定基金的60％用于教师的培训和工资提高。我国在《国家中长期教育改革和发展规划纲要2010—2020年》中也提出"严格执行幼儿园教师资格标准……依法落实幼儿园教师地位和待遇"。

（二）颁布教师专业标准，加强教师培养培训

提升教师质量、建设有准备的专业化发展的教师队伍，最关键的是注重现有教师队伍质量的提升。因为，如果把教师作为学校教育中最为重要的人力资源，仅仅靠新的人力资源提供并不能解决教师专业持续发展的问题，强调人力资源的自我更新和持续发展潜能将是教师教育乃至教师专业发展的核心目标。因此，重视教师职后培训，促进教师专业发展将是实现幼儿园教师队伍质量提升的重要途径。而从国际上看，教师专业标准体系在教师专业化中起到了重要作用，世界很多国家也都是从教师专业标准的制定和实施入手，将其作为培训教师的指南、评价教师的标准、引领教师自身发展的导向，进而作为提高整个教师队伍素质和水平的依据。

美国的幼儿园教师专业标准的开发比较完善。全美幼儿教育协会曾颁布并三次修订了《幼儿教育职业准备专业标准》，针对专科、本科、硕士或博士三种学历的准教师设计了副学士学位标准、初级证书标准和高级证书标准。该专业标准已成为学前教育专业师范生（准教师）职前准备的专业标准。1992年，美国州际新教师评价与支持联盟

（Interstate New Teacher Assessment and Support Consortium，IN-TASC）制定了《新教师许可、评估与发展的模型标准》，明确规定新入职教师（包括幼儿园教师）的专业标准，各州据此纷纷出台适合本州实际的针对初入职幼儿园教师的专业标准。2001 年，美国优秀教师资格委员会还制定了《杰出教师专业标准》。新西兰教育部于 2005 年颁布全国性的幼儿园教师专业标准——《幼儿园教师专业标准与绩效管理制度整合指南》，分别规定了新教师、完全注册教师、经验教师、园长教师和资深教师须具备的知识技能和工作态度。澳大利亚和英国主要制定的是通用的教师专业标准，澳大利亚教育、就业培训及青少年事务管理委员会（MCEETYA）于 2003 年提出《教师专业标准国家框架》。英国学校培养与发展署（TDA）于 2007 年制定《英国教师专业标准》，对合格教师（Qualified Teacher）、普通教师（Teachers on the Main Scale）、优秀教师（Post Threshold Teachers）、资深教师（Excellent Teachers）、高级技能教师（Advanced Skills Teachers）等五个职业发展阶段的教师应该具备的能力做出了论述。我国在学前教育事业发展和国际幼儿园教师专业发展趋势的双重推动下，于 2012 年颁布实施了《幼儿园教师专业标准（试行）》（以下简称《专业标准》），它对合格幼儿园教师的专业素质提出了基本要求，成为引领幼儿园教师专业发展的基本准则。

此外，各国也都十分重视幼儿园教师在职培训，并采用多种方式为教师提供培训。例如，印度中央政府围绕儿童综合发展服务项目设计了专门的国家培训计划，每年各个邦/联邦属地都要向中央提交"邦培训行动计划"（State Training Action Plans，STRAPs），规划当年本邦儿童综合发展项目的工作人员培训计划。以 2007—2008 年度为例，除了果阿邦（Goa）、达曼-第乌（Daman&Diu）和庞第皆瑞（Pondicherry），其他所有的邦/联邦属地都提交了 2007—2008 年度的行动计划，经过检查，这 32 个邦的计划都获得了通过。通过邦培训行动计划，政府投入了 81.83 千万卢比的经费，其中，65.13 千万卢比用于常规培训（职业和进修），13.55 千万卢比用于招收的新儿童综合发展中心工作人员的培训费用，还有 3.16 千万卢比用于其他培训。中国于 2011 年启动实施"幼儿园教师国家级培训计划"，目的在于全面提高我国中西部地区农村幼儿园教师队伍的质量。该培训项目的对象主要是中西部地区农村公办幼儿园和普惠性民办幼儿园园长、骨干教师、转岗教师，从培训形式来看，主要有农村幼儿教师短期集中培训、农村幼儿园转岗教师培训、农村幼儿园骨干教师置换脱产研修以及农村幼儿园教师远程网络研修等多种类型。

五、重视幼儿园与家庭、社区的合作

根据布朗芬·布伦纳的发展生态学理论，个体在发展过程中并非是孤立存在的，而是能动地与周围的环境相互依赖、相互依存、相互作用。他认为家庭、学校、社区、社会等因素之间存在着千丝万缕的联系或进行着交互的作用。正是在这种相互联系、相互作用中，个体才获得了发展。幼儿的发展首先受家长、教师、同伴这样的微观系统的影响，而他们之间的相互作用也会直接影响幼儿。这些人又处于社区这个更广阔的环境中，而社区又处于整个社会大系统之中。在这种层层套叠的网络关系中，各个系统之间会产生复杂的联系，共同影响幼儿的发展。1981 年，联合国教科文组织提出"学前教育必须从学校这个封闭的范围中解放出来，扩展到家庭与社区"，这一精神现已成为世界学前教育共同的发展方向，各国政府纷纷出台相关政策，采取了很多积极措施，加强幼儿园与家庭、社区之间的合作。

（一）重视家长参与，积极实现家园共育

家长是孩子的第一任教师，教育从家庭当中开始，各级各类学校教育都需要家长的配合与帮助，幼儿园教育也是如此。家庭是幼儿园重要的合作伙伴，家长是幼儿园教育工作不可忽视的教育资源。在儿童的学习中，家长参与越多，幼儿就越有可能接受高质量的教育。因此，各国政府为使幼儿有一个良好的人生开端，纷纷提倡建立家庭与幼儿园之间的伙伴关系，从法律、政策等各方面为家长提供一系列的服务和机会，鼓励家庭积极参与到学前教育中来，进行合力教育，最大限度地促进幼儿的发展。

例如，美国历来就有重视家庭、家园合作的传统，早在 1897 年就成立了家长教师协会（Parent Teacher Association，PTA），致力于组织和支持家长参与对儿童的教育，为所有的家长提供儿童发展和活动的信息。该协会于 20 世纪 90 年代制定了《家长/家庭参与项目的国家标准》（National Standards for Parent/Family Involvement Programs），后于 21 世纪初进行了修订并更名为《家庭与学校合作的国家标准》（National Standards for Family—School Partnerships）。该标准从 6 个方面来评价和引导幼儿园与家庭间的合作关系。此外，美国还启动了一

些专门的项目来帮助父母、家庭更好地促进儿童的发展。例如，"平等起步家庭读写项目"（Even Start Family Literacy Program），这个计划把成人读写和父母培训与儿童早期教育相结合，为家长提供读写训练，让他们成为称职的伙伴，帮助儿童充分发挥其潜能，从而打破从上一代传向下一代的文盲怪圈。始于 20 世纪 70 年代的阿旺斯（Avance）计划，针对得克萨斯州的低收入西班牙家庭，通过家访、读写发展、就业训练等多种形式为家长提供支持和教育，帮助家长成为儿童的启蒙老师，适应儿童发展的需要。德国也非常重视家园合作，开展多种形式的家园合作活动，在合作中表现出"注重家长实质性的参与而非形式上的参与，注重与家长的平等合作而非被动配合，注重幼儿教育的信息交流而非培训家长"等特点。英国政府为加强幼儿园与家庭的合作，还出台相关法律，确保儿童得到全方位的照顾。1972 年 12 月，教育科学大臣撒切尔发表一份白皮书《教育：扩展的架构》 （Education：A Framework for Expansion），提出要调动各方面积极性，依靠地方教育行政当局的周密规划，以及自由团体、教师、家长的大力协助，加强保育学校和父母与儿童之间的沟通。1988 年英国颁布的《教育改革法》，规定了学前教育机构的管理组织中要有家长代表，地方教育机构要为家长提供培训课程，以提高家长的教育水平。这从法律上为家长参与学前教育机构的管理和儿童的教育提供了保证。我国教育部从 2012 年开始，将每年的 5 月 20 日至 6 月 20 日确立为"全国学前教育宣传月"，各级教育行政部门、教科研机构和幼儿园都围绕相关主题开展讲座、咨询、访谈等活动，面向社会、面向家长宣传、普及科学育儿知识，帮助家长树立科学的儿童观、教育观，积极调整教育行为，更好地与幼儿园合作，全面提升教育质量和效果。

（二）充分利用社区资源

幼儿园自身的资源是有限的，而社区中蕴藏着丰富的学前教育资源，幼儿园与社区合作，充分利用社区的各种资源，可以实现优质的儿童保育和教育。学前教育社区化是当今世界学前教育发展的一个重要趋势。

美国在利用社区资源开展学前教育方面走在了世界的前列。美国学前教育机构将社区资源视为儿童学习的"第二课堂"，非常重视对它进行开发和利用。例如，充分利用较为广泛的社区场馆（图书馆、博物馆、公园、农场等资源）来丰富教育活动的开展，将社区资源融入开放式教学实践中。德国有两种典型的以社区为依托的学前教育方案。一种是家庭助手方案,社区青年服务部、慈善机构把经过培训的社会工作者组织起来,分派到一些特殊家庭里去工作,每周义务为家庭服务 5～10个小时,帮助父母掌握教养孩子的基本知识和技能;一种是家庭互助方案,社区把家庭联合起来,结成对子,互相帮助,共同提高教育孩子的能力。以色列政府实施 HATTF(Home Activity for Toddlers and Their Families)和 HIPPY(Home Instruction Program for Preschool Youngsters)两个社区教育计划,对不同年龄儿童的家长进行分层指导、以提高指导的效率。其中,HATTF 是为 1～3 岁婴幼儿开设的家庭活动计划,由当地社区机构挑选、推荐符合的专业协调员和专职家访员,经过培训后上岗,每个协调员统管 4～6 名家访员,每个家访员负责 12～14 个家庭。在儿童出生后的第一年,家访员每周家访一个小时,第二年每两周家访一个小时,旨在帮助家长认识到游戏在儿童成长中的特殊作用,学会与儿童游戏。家访员还要帮助家长成立互助小组,每半个月活动一次,在小组内交流育儿经验。HIPPY 是为 3～6 岁学前儿童开设的家庭指导计划,教育部组织专家编写了两年使用的教材,每年 9册,每册配有亲子活动方案,每项活动持续几分钟。社区专职家访员协助家长使用教材。家访员每两周访问一次,与父母讨论、交流儿童教育问题,通过角色扮演的方法向父母传递保教知识,帮助父母构建家庭教育环境,提高父母的教育水平。家访员还鼓励家庭之间成立友好小组,每半个月活动一次,探讨教养孩子的问题。

第二章 幼儿园课程及开发意义研究

第一节 幼儿园课程定义与特点

一、幼儿园课程的定义分析

目前，主导我国幼儿园课程定义的是活动论。幼儿园课程是实现幼儿园教育目的的手段，是帮助幼儿获得有益的学习经验，促进其身心全面和谐发展的各种活动的总和。这里所谓的各种活动，也就是《幼儿园工作规程》（1996）里所说的"有目的、有计划引导幼儿生动、活泼、主动活动的，多种形式的教育过程"。对于幼儿园课程我们也用这一活动论来界定，即幼儿园课程是实现幼儿园教育目的的手段，是帮助幼儿获得有益的学习经验，促进其身心全面和谐发展的各种活动的总和。

二、幼儿园课程的特点分析

幼儿园课程是为幼儿专门设计与开发的课程，它所面对的一般是3～6岁的儿童，这些儿童在学习与发展上与其他阶段的儿童相比有自己的特点，所以这些儿童的学习特点、发展特点也就决定了幼儿园课程的特点。

（一）基础性与启蒙性特点分析

幼儿教育是向下扎根的教育，它在整个教育体系中处于奠基石的位置。幼儿园课程是幼儿教育的载体，它直接影响儿童在这一阶段所获得的经验及发展，也为他们今后的发展奠定基础，因而具有基础性。幼儿阶段是人一生的启蒙阶段，是儿童懵懵懂懂迈开脚步走向社会的开始。幼儿园课程只需要向儿童传递关于自然、社会与人类最浅显的知识和观念，不要求多么系统或深奥，幼儿园课程应该有助于儿童认识周围世界，使他们在原有发展水平的基础上得到初步的锻炼与启迪。

（二）全面性与生活性特点分析

幼儿园课程是实现幼儿园教育目的的手段，是实现儿童全面发展的中介，因此幼儿园课程就必须以实现儿童在身体、认知、情感、社会性等方面的和谐发展为目标，要具有全面性。学前儿童处在身心发展的特殊时期，对于他们来说.一些基本的生活卫生习惯、生活自理能力、与人相处的态度及基本的常识等都需要在这一阶段学习，而这些东西是不可能通过教师的讲授获得的，只能在生活中习得。另外，儿童的思维是形象的、直观的，适合他们的学习内容必须是可以感知的、具体形象的。因此，幼儿园课程必然带有明显的生活特征。课程内容源于儿童的生活，课程实施更要贯穿儿童生活的各个环节，这种生活性是幼儿园课程的一个重要特性。要注意的是，幼儿园课程的生活性并不意味着要把教育与日常生活等同起来，混为一谈，而是要合理地加强教育与生活的联系，这符合幼儿学习的特点，也符合幼儿园教育的要求。

（三）整合性特点分析

幼儿身心发展的水平和学习特点决定了幼儿园的课程应该是高度整合的课程。幼儿园课程不应追求与现实生活割裂的或与现实生活不一致的知识系统，而应使多个学科、多个发展领域之间相互联系、相互促进，从而构成一个有机的发展整体，更好地促进儿童的发展。《幼儿园教育指导纲要（试行）》明确指出：幼儿园课程可划分为五个领域，各领域的内容要有机联系、相互渗透，从不同的角度促进幼儿的全面发展；幼儿园教育活动的组织要注重综合性、趣味性、生活性；教育活动的组织形式应根据需要合理安排、灵活运用；幼儿园要综合利用各种资源，扩展幼儿生活和学习的空间等等。这都体现了幼儿园课程整合的特点。

（四）活动性与直接经验性特点分析

对于学前儿童来讲，只有在活动中的学习才是有意义的学习，只有以直接经验为基础的学习才是可理解的学习。学前儿童必须借助具体的情境、具体的事物，在参与、探索和交往中学习，离开了儿童与环境相互作用的各种具体活动及情境，学前课程就没有了鲜活的生命力。所以幼儿园课程的实施，关键在于为儿童创设丰富的活动情境，创设有利于儿童自主、合作、探究的活动氛围，为儿童提供各种交往互动的机会，使儿童在一日生活活动中获得直接经验。从这一意义上来讲，幼儿园课程具有活动性与直接经验性特点。

（五）潜在性特点分析

由于学前儿童知识、经验贫乏，自我辨别与自我控制的能力较低，模仿力强，幼儿园的一砖一瓦、一草一木，教师的一言一行、一举一动无时无刻不在影响着儿童的发展。因而，幼儿园课程不仅体现在有目的、有计划的教育活动中，而且更重要的体现在环境、生活、游戏及教师不经意的行为中。也就是说，从儿童的角度来看，幼儿园课程总是蕴含在环境、材料、活动之中，潜移默化地作用于儿童，影响他们的发展。因此，和小学之后的学校课程相比，突出的潜在性也是幼儿园课程的重要特性。

当我们讨论幼儿园课程特点时，我们还要把握好两个很关键的因素。第一个因素是学前儿童，着重关注学前儿童这个年龄阶段所具有的独特的学习特征；第二个因素是学前儿童教育的客观条件，包括教师水平、幼儿班级人数、幼儿园设施配备、社区文化建设水平、文化传统习惯等。我国传统的学前儿童教育是把幼儿当作"小大人"来实施教育，不考虑他们的积极性、主体性，把他们当作被动接受知识的容器。自改革开放以来，尤其是 21 世纪，教育界在重视幼儿年龄特点和学习特点的前提下倡导生成性课程，但生成性课程实施的背后需要一些什么条件，在没有这些条件的前提下生成性课程是否依旧是课程等问题仍然需要研究结果作为支撑来解答。如果不顾我国学前儿童教育的客观条件，只是打着尊重学前儿童年龄特点的旗帜，盲目实施名目繁多、花样百出的课程，是华而不实的。

理想的幼儿园课程是一系列活动的组合，教师放手让儿童去自主操作，去发现，去在做中学。但是，幼儿园课程的特点是教师尽可能少教而儿童尽可能的自主活动。对于教师教多少和儿童自主活动到什么程度之间的张力有效把握的能力，是衡量幼儿园教师专业化水平的重要指标。

第二节　幼儿园课程要素及内容

一、幼儿园课程的基本要素

作为将教育目标转化为学习者发展的中间环节，课程的基本要素通常包括课程目标、课程内容、课程组织和课程评价。

（一）课程目标

课程目标是教育目标在教育过程中的具体化，它指明学习者通过课程的学习应该达到的程度。课程目标是课程其他要素的选择依据和标准，并对整个教育过程起导向作用。

（二）课程内容

课程内容是课程目标的载体，它根据课程的目标以及相应年龄阶段的学习者的身心发展规律和特点而选定，是学习者应该学、能够学并适宜学的知识范畴，其中包括概念、方法、态度和技能的学习等。

（三）课程组织

对课程实施的各种因素包括教育内容、活动、材料和环境、教育者和学习者的互动方式等加以编排、组合、平衡，以使课程活动有序化、结构化、适宜化，从而产生最优的教育效应，最大化实现课程目标的工作，称为课程组织。课程组织工作具体包括课程内容的组织、教育计划、学习材料设计、环境创设与布置、教育活动组织形式与指导方式的确定、教育活动的具体实施等。

（四）课程评价

为制定课程目标，以及为检测课程目标实现的程度，在课程实施之前、课程实施过程中及课程实施某阶段终结时，对学习者的学习过程和结果进行测量和描绘，并对课程各要素的适宜性进行评估的工作，称为课程评价。课程评价为课程实践者完善课程、提高课程的适宜性提供调整的信息，并为教育行政部门鉴定课程方案提供决策依据。

一套完整的课程方案是由这四个基本要素构成的整体，在课程实践过程中，它们相互联系、相互作用、相互制约并相互调节，缺一不可，从而使课程处于循环的动态发展过程之中。

二、幼儿园课程内容

（一）幼儿园课程内容的构成要素

1. 基础知识

知识是智慧和文化的结晶，具有多种价值。它不仅能帮助幼儿认识自己生活的环境，还会通过这种认识影响他们的行动，如避开危险、节约资源、从事有利于自己和他人健康的活动等。同时，知识还具有发展价值，是智力（如分类、概括等）发展、能力提高和情感态度培养的基础与前提。离开知识这种精神营养奢谈促进幼儿发展是毫无意义的。

在选择课程内容时，我们需要将幼儿必须掌握的或具有发展价值的基础知识纳入课程。这样的知识包括：①生命活动必需的知识，如与幼儿的健康、安全有关的知识；②有利于幼儿解决基本的生活、交往问题的知识，如基本的社会行为规则、规则的意义等；③帮助幼儿认识自己生活环境的知识，如自然和社会环境中常见事物的名称、属性以及幼儿理解的事物之间的关系和联系等；④为今后学习系统的学科知识打基础的知识，如基本的数、量、形、时间、空间概念等；⑤为成长、为未来社会的高素质公民奠基的知识，如简单的环保知识等。

以上所列几类知识或许并不完全，相互之间也有交叉，但无疑是基础性的。要强调的是，选择了这些基础知识，并不意味着要将这些知识分别由成人直接呈现或灌输给幼儿。

2. 基本的活动方式

人类的活动大体有几种基本类型，如生产劳动、社会交往、科学实验等，每一类活动都有自己的一些基本方式方法、原理原则。掌握这些基本的活动方式，不仅可以提高人的生存能力，也可以让人体验到成功的快乐。

幼儿的活动大致可分为生活、交往、学习等，具体又可分为自我服务、身体锻炼、游戏、观察、探索、交流、表达等。各种活动都包含着一些基本的方式方法、技能技巧。例如，如何灵活地使用工具？如何借助工具达到目的？选择什么样的工具是最适合的？如何计划自己的活动，遇到困难如何处理？再如，如何融入同伴群体中去？采用什么方式能够让别人接受自己？如果这种方式不行应该怎么办，放弃、发脾气还是改变策略？这些都涉及对基本活动方式的掌握问题。

3. 发展幼儿智力和能力的内容

发展幼儿智力和能力是幼儿园教育的主要目的之一，因此，其在课程内容中应占有相当的比例。

幼儿的智力和能力常常表现在活动时解决问题的过程中，并在解决问题的过程中得到发展。因此，教师利用生活中幼儿经常遇到的或感兴趣且有价值的问题作为课程内容，既有利于激发幼儿学习的积极性，也有利于发展他们的智力和能力。教师也可以有意"制造"一些问题，或将必要的学习内容转化为幼儿可以研究的问题，以促进幼儿智力的发展。例如，影子是幼儿常见的现象，但他们真正懂得影子吗？教师不妨让幼儿画一画"我和我的影子"，然后去和实际的影子对比一下，也许他们会发现不少有趣的"问题"：画中的自己和影子像是孪生兄弟（姊妹），一白一黑，各自独立地并排站立，而阳光下的影子却躺在地上，和自己脚对着脚。能让影子和自己并排站立吗？能把它和自己的脚"分开"吗？

也许很多问题在幼儿期得不出一个明确的答案，但尝试解决问题、寻求答案的过程，无疑会促使幼儿去思考，感受影响事物因素的复杂性，学习多角度考虑问题，与此同时，智力和能力也在思考问题、解决问题的过程中得到提高。

4. 培养幼儿情感态度的经验

情感态度不是"教"出来的，它的形成是潜移默化的结果。情感态度是在活动过程中产生的体验，类似的体验积累得多了，就形成了比较稳定的倾向性。这就要求教师选择适当的内容，提供关键性的学习经验。例如，对形成幼儿的自尊心来说，最重要的是让他们感到自己受尊重、受重视，在教师和同伴心目中有地位。而对于自信心来说，成功感则是关键性的情感体验。这就要求教师在选择内容时考虑孩子的意见，难度适宜等。

在幼儿期，学习兴趣、自我价值感和自信心、责任感、团体归属感、关心、友爱、尊重、同情等都是应着重培养的情感态度。

（二）选择与确定幼儿园课程内容的原则

如何从以上课程范围中选择具体的内容？什么内容是适宜的？这就需要以一定的原则或标准为选择依据。

1. 合目的性原则

课程内容是实现课程目标的手段，课程目标一旦确定，就要求选择与之相符的内容来保证它的实现。可以说，目标为内容的选择提供了一个基本的范围和标准。按照这一标准，在选择内容时须注意以下几点。

（1）有目标意识

选择内容时首先要考虑选择这个内容是为了实现哪一个或哪几个目标，这要求对拟选内容可能包含的教育价值进行基本分析，估计一下这项内容是否与目标有关联，是什么样的关联，是否还有与之关联更密切的内容等。

（2）正确理解目标与内容的关系

内容与目标并非一一对应的关系。一项目标往往需要多项内容的学习方能达成，因此，围绕某一目标来选择内容时需要考虑还有哪些内容可以促进这一目标的实现。反之，一项内容也可能指向多项目标，所以，在选择某一内容时还需要考虑这一内容还可以达成哪些目标。对目标与内容之间关系的正确理解，会使课程的学习变得扎实、有效、自然。

（3）考虑目标达成所需要的"关键学习经验"

有些目标（如自信心、探究精神等）没有什么直接与之对应的内容，因而这些目标的实现很难由特定的内容来保证。例如，我们希望培养儿童的自信心，而自信心源于多次的成功经验。我们无法通过"教或学什么"让儿童获得这种经验，只能通过控制内容的难易程度、指导学习的方法，为他们创造获得成功经验的有利条件。

2. 基础性原则

基础性是学前教育最基本的特征。幼儿园的课程内容应该涉及人生发展最基本的问题，帮助幼儿学知、学做、学生活、学学习。其中，健康的生活方式、良好的行为习惯、学习的欲望和能力、积极适应社会生活的态度和能力尤为重要，可为幼儿一生的可持续发展奠定坚实的基础。事实表明，越是基础的内容，越是有长远的发展价值。

3. 发展适宜性原则

发展适宜性原则是指课程内容既要符合幼儿已有的发展水平，又能促进其进一步发展，即难度水平处在幼儿的"最近发展区"之内。

"最近发展区"指的是儿童已经达到的发展水平和即将达到的发展水平之间的差距，其操作性定义可以表述为儿童自己独立完成的智力活动任务和在成人或有能力的伙伴帮助下所能完成的任务之间的差距。这个距离空间恰恰是教育的"用武之地"。

同一年龄阶段的儿童既有共同的最近发展区，也有各自不同的最近发展区。因此，课程内容的选择既要适合幼儿的一般年龄特点，又要适合幼儿的个体差异。

4. 兴趣性原则

"兴趣是最好的老师"，兴趣具有一种动机力量。世界著名情绪研究专家伊扎德指出："兴趣对思维和记忆的功能联系是如此广泛，以致在缺少它的支持时，对智力发展之濒于险境的危险不亚于脑组织的损伤。"对幼儿来说更是如此。因此，课程内容的选择必须考虑幼儿的兴趣。

5. 直接经验性原则

幼儿认识活动的具体形象性，使得他们的学习具有直接经验性特点。因此，幼儿园的课程内容应该具有直观性、情境性和活动性，使幼儿能够通过直接感知、操作和体验，将学习内容转化为自己的直接经验。

第三节　幼儿园课程开发的意义与误区

一、幼儿园课程开发的意义

（一）促进"脑"的发展，激发潜能

幼儿时期，人脑迅速发展，在外界信息的刺激下组建功能强大的脑神经元网络。适用性信息促进人脑发达，促进左右脑并行发展。研究表明，如果任由孩子自然长大，其间不进行适当的智力开发教育，等孩子"脑成熟后"，也就是 6 岁之后，在没有系统性的脑神经元网络的基础上展开教育，教育活动的难度会增大，效果也会大打折扣。幼儿时期的教育活动可以开发人类巨大潜能。潜能是人类亿万年进化的沉淀，人人都有这种巨大潜能的遗传。潜能在婴幼儿时期能得到较为充分的开发，在大脑生长发育期能得到充分的激发。错过时期，潜能可能会被永远埋没。

（二）幼儿时期是获取知识、培养能力、形成良好性格品质的关键期

0～6 岁，是幼儿成长的关键期，0～1 岁，1～3 岁，3～6 岁是掌握不同信息的三个关键期，关键期的教育可事半功倍。每个孩子在语言发展关键期都能学一口标准方言就是最典型的事例，而错过了语言发展关键期的青少年、成年人再学任何语言也难以学得标准、地道。幼儿有较强的信息获取能力和学习能力，可以说孩子个个都是"神童"，人生的基本难题和重大难题，如直立行走、手足分工、认识万物、掌握语言、习得行为、学会审美等都是从婴幼儿时期开始解决的。据统计，人一生所获知识概念的 95% 是在 5 岁之前学来的，错过了这个时期正常教育环境中的学习活动，将严重影响幼儿的健康成长，有些知识、智力、技能等在以后的学习中将难再获取，"狼孩"就是一个典型的例子。幼儿

早期教育活动还有利于良好性格品质的形成，勤劳善良、诚实守信、勇敢自信、快乐活泼、安静专注、独立能力、创造精神等，这些性格品质是人一生有所成就、幸福的基础。

（三）促进身心健康成长，培养良好的生活态度

有学者把幼儿的生理成长与心理成长比喻成幼儿的"两个生命成长"，把生理成长比喻成第一生命成长，把心理成长比喻成第二生命成长。在生理上，孩子应该强壮、健康地成长；在心理上，孩子应该聪慧、卓越地成长。从出生至 6 岁的时间段是二次孕育期。这个时期是孕育孩子心理生命的关键期，有利于构建"潜意识板块"。"潜意识板块"将从根本上影响并支配人一生的生活态度。

（四）促进听觉、视觉语言同步发展，促进幼儿各方面能力的发展

早期幼儿教育有利于"听觉"和"视觉"两种语言的同步发展。早期的幼儿教育能使孩童较快掌握听、说、读、写的能力，较快地学会自学和思考，形成良好的自我发展素质；同时也有利于培养幼儿观察、提问、思考、讨论、动手、动脑的能力，而这些是创新型人才所应具备的基本素养。全方位的幼儿早期教育，还能开发幼儿想象力、语言能力、音乐感知能力、数学逻辑能力、认知力等各方面能力。

二、幼儿园课程开发应避免的误区

（一）重知识轻能力，重视智力因素忽视非智力因素

现代社会提倡素质教育，培养创新型人才，积极推进教育体制改革。但是，有些家长和教师的教育思想还存在不少的误区。例如，学习好的孩子就是好孩子；只重视分数而忽视其他；认为素质教育就是除了学好书本知识以外再学些钢琴、电脑知识和技能；学习的目的就是记住各种各样的知识，重知识轻能力，重视智力因素忽视非智力因素；等等。

在现实生活中，有些学生在学校读书时，曾被认为是智力出众的学生，毕业后却没有大的作为。这说明智力高未必能成才，人的成才除了一定的智力因素和社会条件外，还取决于某些非智力因素。例如，人的品德、情感、社会适应能力等，这些是目前一些家长和教师在教育中所

忽视的方面。

重视非智力因素以及能力的培养是幼儿园教育活动的根本任务。非智力因素以及能力培养的关键时期在 6 岁以前，一般来说，孩子出生后经过三年的发育，进入幼儿时期，3～6 岁是学龄前期，也就是人们常说的早期教育阶段。这是人身心发展的重要时期，人的许多基本能力是在这个年龄阶段形成的，如语言表达、基本动作能力等，某些生活习惯、性格也在这个阶段逐步形成。

（二）智力等于知识

一般来说智力包括六个方面：注意力、观察力、想象力、记忆力、思维力、创造力。智力就是获得知识和创造新知识的能力。按照世界经济合作与发展组织在《以知识为基础的经济》中的定义，知识可分为四类："是什么的知识""为什么的知识""怎样做的知识""谁知道的知识"。前两类属于事实或科学原理和法则，可以用编码技术做成软件，因而也是信息；后两类是难以文字化的知识，存在于人的大脑中。

人类知识的发展和积累的过程，就是不断地把人们头脑中难以文字化的知识，转变为可编纂的知识。在这个过程中，人的智力发挥着重要的作用。随着未来信息技术的发展，绝大部分可编纂的知识将有可能由计算机来完成，人类自身将主要生产难以文字化的知识，以及实现后者向前者的转换，也就是生产观念、创意和心智。随着知识经济的到来，真正的知识拥有者不再是背诵知识和掌握符号的人，而是能够不断地阐明未被前人所识别的问题的人，是能够不断地提出创造性解决问题办法的人。传授知识不只是讲清事实（是什么）和原理（为什么），而要着重教给人认识事物本质和规律的思维方法（怎样做）。

（三）学前教育小学化

还有一种观点就是学前教育小学化，让小孩子学小学课程、学钢琴、学书法、学美术、学电脑等，而不顾幼儿的生理和心理特点，强行施教。这些都是不可取的，违背了幼儿成长和智力发展的规律，忽视了幼儿的生理及心理特点，是一种"近得利"的短视行为，是违背幼儿自身发展规律的拔苗之举，不但严重影响幼儿身心健康发展，而且也会将孩子"伤"在起跑线上。

首先，学前教育小学化对幼儿的身体发展有害。幼儿正处于长身体阶段，机体和神经系统都还比较弱。幼儿如果长时间地集中注意力，大脑容易疲劳，会造成对神经系统的伤害。过早、过多的规范性学习还会导致幼儿近视、驼背、消化不良等不良症状产生。

其次，学前教育小学化对幼儿的心理发展有害。幼儿期的心理发展还不完善，还不具备系统学习的能力，如果此时强迫幼儿像小学生那样学习，他们的智力水平跟不上，过于吃力，会对学习产生厌倦、畏惧情绪，从而扼杀幼儿的学习积极性。

最后，学前教育小学化对幼儿的未来学习不利。幼儿园所学的内容到小学时还要学，重复学习会降低幼儿学习知识的好奇心、新鲜感和求知欲，幼儿容易因为"我已懂"而不专心听课，导致学习兴趣下降，养成不动脑、不思考等不良学习习惯。

第三章 幼儿园科学教育课程开发研究

第一节 幼儿园科学教育课程内容构建策略

一、幼儿园科学教育内容构建的基本原则

科学教育内容成为幼儿园科学教育的关键性问题。幼儿园科学教育内容的构建并不是盲目的、毫无目的和根据的,而是应当依据一定的原则有效地组织科学教育内容。

(一)趣味性原则

趣味性原则要求我们在构建科学教育内容时充分考虑儿童对这些内容的兴趣。《幼儿园教育指导纲要(试行)》认为:"幼儿科学教育是科学的启蒙教育,重在激发幼儿的认识兴趣和探究欲望。"维果茨基也认为:"学龄儿童按照教师的大纲学习,而学前儿童的学习则是按照教师的大纲变成自己的大纲的程度而定的……大纲实施的次序应符合儿童情感丰富的兴趣,符合他的与一般概念相联系的思维特点。"

儿童认识的发展尚处于无意性占优势的阶段。学前儿童的科学探究活动往往是由他们自身的兴趣直接驱使的。直接兴趣性是儿童认识周围事物和现象的重要特点。因此,科学教育的内容应是儿童学习生活中新颖、陌生、神秘或难以理解的内容,也是与他们生活密切相关且比较熟悉的领域。科学教育中认识的对象是活生生的事物或正在发生的现象,是充满生机且丰富多彩的世界,能驱使儿童去探索、去求知,以自己的方式和周围的世界相互作用。

我们首先要从儿童熟悉的事物和现象(如常见的动植物)中取材,既要考虑儿童的年龄特征,又要使儿童在探究这些内容时感到很有兴趣。要使科学内容成为一个充满趣味、富有吸引力的世界,以引起儿童的直接兴趣,并通过启发诱导使之进一步转化为学习的内在动力,从而激发学前儿童科学探究的主动性和积极性。科学教育不应让复杂、机械

的概念名词压制儿童对大自然、对生命的好奇心和求知欲。

（二）适宜性原则

适宜性原则要求选择的内容要符合儿童的年龄特征，不同年龄段的儿童能学习什么内容是受其心智发展水平限制的，过难或过易的内容都不适合，应当摒弃。

1. 应适宜于学前儿童的认知发展水平

学前儿童由于自身的思维发展水平处于直觉性、具体性和形象性阶段，很难在抽象层面进行逻辑思考，他们对科学知识的理解需要通过直接感知、观察、摆弄和操作来实现。因此，要将复杂、深奥、抽象的科学知识用简单、直观、形象的方法呈现出来。例如，"溶解"是一个抽象的科学概念，但教师可以用各种材料做溶解实验，让儿童观察哪些材料在水里会化掉的现象，感知溶解。

2. 应适宜于学前儿童的年龄特点

不同年龄阶段的儿童，他们的发展水平也都不同，即使是同龄儿童的认知水平也存在差异。因此，教师要考虑儿童的年龄特点，选择适宜的内容。例如，对于物体的沉浮，小班幼儿可能会认为球因为大所以浮在水上，钉子因为小所以才沉下去。大班幼儿才能根据物体的重量或材料的性质判断物体沉浮的原因。因此，了解物体沉浮的现象适合在小班进行，对物体沉浮原因的探索则更适合在大班开展。

（三）发展性原则

发展性原则是要了解哪些内容对儿童在这个阶段的发展起重要作用，选取那些对儿童终身学习和发展具有较高价值的内容，使儿童向最近发展区发展。因此，幼儿园科学教育内容的构建既要适合儿童的年龄特点，又要适合儿童的个体差异。

1. 有利于学前儿童逐步认识身边事物和现象的本质及其之间的联系

探究事物和现象的本质是科学探究的根本目的。尽管学前儿童受其认知方式和思维特点的限制，还不能真正理解抽象的科学概念、把握深奥的科学规律，但他们对世界的认识是一个渐进的过程，他们对科学本质的理解不能一步到位，但可以逐步接近它，而且某些事物或现象的本质属性和原理是能透过其外部特征被他们所感知的，学前儿童可以通过观察、实验等探究方式感知事物或现象的外部特征来发现其内在的联系。因此，科学教育内容要稍稍高于学前儿童的现有认知水平，让他们能够通过付出一定的努力建构出新的经验。这样的教育内容才能激发儿童对周围事物和现象的求知欲与探索热情，培养儿童主动学习科学、进行科学探究的能力，从而促进儿童发展。

2. 有利于学前儿童学习和掌握基本的科学方法

获得科学经验固然重要，但学会和掌握获得经验的方法更有用。科学教育内容不仅要有助于儿童获得经验，更要有利于儿童学习基本的方法，如观察、比较、分类、测量、实验、调查、制作等。如果某个科学教育内容能够让孩子去探索，并学习运用某种或几种方法解决问题，那么这个内容就是有价值的，因为这个内容除了能够让儿童获得新的科学经验、掌握新方法外，还能让儿童自然而然地形成会探索、乐于探索的学习品质，这将是儿童终身受用的品质。

（四）探究性原则

探究性原则要求在已经考虑前几个原则的基础上还要考虑在科学领域内选择适合探究的内容来进行科学探究，这样有利于在科学教育内容中将科学探究的目标落到实处。

科学本身不仅是科学知识，更是一个探索科学知识的过程。而教师往往重视对科学知识的陈述，忽略科学知识生成的过程，以及生成知识的方法和精神态度。因此，在构建科学教育内容时，不单单要陈述科学知识，更要把科学探究的过程呈现出来。以探究过程和活动的方式组织学习，可以帮助学生理解科学概念、理解科学的本质，对获取知识的过程有所了解，掌握对自然界进行独立探究的必要技能，形成运用技能、能力和秉持科学态度的习惯。

例如，常见的植物中，植物生长的基本需求可以突出过程性目标也可以突出知识性目标，但植物生长的基本条件中变化的因素很多，涉及大量的变量与控制变量的问题，是最适合进行探究性学习的。

二、学前儿童科学教育内容的基本框架

学前儿童科学教育是以培养科学素养为宗旨对全体儿童进行的科学启蒙教育。科学教育内容要满足社会和儿童双方面的需要，应该选择贴近儿童生活的、符合现代科学技术发展趋势的、适应社会发展需要的和有利于儿童整体素质全面发展的必需的内容。

国内外的科学教育内容为学前儿童科学教育内容框架的构建提供了

依据。首先，许多发达国家已经进行了一系列的科学教育课程改革，制定了从幼儿园到大学阶段的完整的科学教育内容体系，并用相应的法规明确规定了幼儿园科学教育的目标和任务要求。国外完善的幼儿园科学教育内容框架值得借鉴。其次，我国小学科学教育与幼儿园科学教育的宗旨相一致，都是以培养科学素养为宗旨的科学启蒙教育。小学科学课程标准中的内容标准为幼儿园科学教育内容提供了参照。

在借鉴国内外科学教育课程标准，结合当前幼儿园科学教育的目标以及遵循幼儿园科学教育内容构建基本原则的基础上，笔者对幼儿园科学教育内容框架进行了总体构建，将幼儿园科学教育的主题内容分为生命科学、物质科学、地球与空间科学、科学技术，又将每一主题分为若干次级主题，并在每一次级主题下列出关键经验和具体内容，同时，在活动建议中为理解具体内容标准、设计具体活动提供参考。

（一）生命科学

生命科学是与人们的生产生活、卫生保健及环境保护等密切相关的领域，也是科学教育的重要领域。幼儿园科学教育要让儿童接触生动活泼的生命世界，在自然界中感受生命的丰富多彩，从而激发儿童热爱生命的情感和探索生命世界的兴趣。

幼儿园生命科学主题的内容主要分为"常见的植物""常见的动物""人体科学"三个部分。"常见的植物"主要是利用幼儿对植物的兴趣，认识周围生活中不同种类、不同环境中的植物，进而对多种多样的植物有初步的认识。"常见的动物"是在与小动物实际接触的基础上，通过对它们的观察、饲养、照料、探究和记录了解动物的有趣特征及其与环境的依存关系。"人体科学"是为了让儿童获得对自己身体的认识，了解有关人体科学和健康方面的知识，进而学会维护自己身体安全而设计的内容。

生命科学的内容不应拘泥于生物学方面的概念，而应联系物质科学、地球与空间科学、科学技术等内容，联系儿童的日常生活，要让儿童探索生命体在生命活动中一些有意义的问题。

1. 常见的植物

观察常见植物的生长及特征，了解植物的多样性，探索常见植物与环境之间的关系是幼儿园科学教育的重要内容。本内容通过让儿童与周围常见植物直接接触和进行探究活动，引导儿童发现常见植物的特点，观察其生长过程和变化规律，了解植物与环境的依存关系，培养学前儿童对常见植物的好奇心和探究常见植物的热情，使其感受自然界的美好和奇妙，萌发爱护植物的情感。

（1）植物的生长、特征及多样性

关键经验：认识生活中的植物，在种植中感受植物的生长，世界上有许多种植物，认识植物都有自己的形态，感知植物的生长变化过程；比较认识植物的多样性。

具体内容：熟悉的植物，常见植物的根、茎、叶、花、果实，种子里面有什么，根和茎是怎样生长的，种子是如何生长的，种子会长成有根、茎、叶和花的植物。

（2）植物与环境的关系

关键经验：感知植物与季节变化，探究植物的生长条件，了解植物与人类的依存关系。

具体内容：植物是如何过冬的，种子生长需要什么，植物的生长需要什么，哪些植物可以食用，植物可以用来做什么。

2. 常见的动物

观察常见动物的生活习性和特征，了解动物的多样性，探索和发现动物与环境的关系是幼儿园科学教育的重要内容。本内容通过让儿童有机会接触动物，引导儿童关注、发现、观察、饲养、记录周围常见小动物的生活习性和典型特征，获得有关动物的经验，感受动物的多样性，了解和探索动物与环境的依存关系，萌发对动物的关爱之情。

（1）动物的生活习性、特征及多样性

关键经验：观察生活中的小动物，关注动物的生长变化，探究动物的特征、结构、食性等，世界上有许多种动物，感知动物的生长变化过程，感知动物的多样性，探究动物的生存、生长繁衍方式。

具体内容：熟悉的动物，动物的形态特征，动物是怎么活动的，小动物的生长变化。

（2）动物与环境的关系

关键经验：探究动物的居住环境，动物的形态与环境，动物的生长与环境，动物与季节变化，动物都需要食物；动物与人相互依存。

具体内容：动物怎样过冬，动物住在哪里，动物怎样长大，动物吃什么。

3. 人体科学

探索人体的奥秘是生命科学的重要内容，也是科学教育内容的重要组成部分。对人体的认识和探索不仅可以满足儿童对于了解自己身体的兴趣，还可以使儿童获得对于自己身体的认识，有助于儿童保护自身安全，维护身体健康。

（1）人体的结构、活动、功能及保护

关键经验：探索身体的整体结构、活动、功能及如何保护，探索身体的外部结构、活动、功能及如何保护，感受身体内部器官的结构、活动、功能及如何保护。

具体内容：我们都是独一无二的，我看起来像什么，我们通过感觉来学习，骨骼支撑我们的身体，肌肉使我们运动，身体需要锻炼和休息，我们需要有营养的食物。

（2）人与自然环境

人与自然环境的内容应重点体现人类与自然环境和谐相处，让儿童关注周围的环境，保护周围的环境。这部分内容可以单独开展，介绍生活中的污染现状及危害和生活中的环保行动，也可以渗透与动植物相关的内容。

关键经验：动植物、空气、水、天气与人类相互联系，环境是我们生活的地方，共同保护环境。

具体内容：介绍污染的环境及危害，介绍保护环境的行为，参与环境保护活动。

（二）物质科学

无生命的物质世界也充满了许多令儿童惊奇、疑惑、感叹的现象和过程。儿童的好奇心也往往促使他们通过观察和摆弄周围环境中的常见物体和材料来探究世界。《幼儿园教育指导纲要（试行）》也提出要"引导幼儿对身边的常见事物和现象的特点、变化规律产生兴趣和探究欲望"。因此，物质科学也是幼儿园科学教育的重要内容。

幼儿园物质科学主题的内容主要包括常见的物质、物理现象、化学现象等三个主题。"常见的物质"主要是让幼儿通过对常见物质的观察与探索，了解常见物质的一些基本性质，形成对自然界物质的基本认识。"物理现象"主要是让幼儿认识日常生活中有关力和运动、声音、热和温度、光和颜色、电、磁等简单的物理现象。"化学现象"主要是让幼儿探索生活中接触到的简单、安全、有趣的化学现象。

1. 常见的物质

儿童在日常生活中经常见到和接触到的物质包括水、空气、沙、石、土等。本主题也主要包括水、空气、沙、石、土等内容。对于这些内容，不仅要探索它们的物理性质，还要认识它们的生态意义。这些内容中，小班的教学重点是让儿童感知常见物质的突出特征；中班的教学重点是让儿童比较常见物质材料的异同，了解物质材料在一定条件下的变化，发现物质材料之间简单的相互关系；大班的教学重点是让儿童探究在改变外在条件时物质材料的变化，探究常见物质材料与动植物及人类生活的相互作用。

（1）水

几乎每个儿童都喜欢玩水，并在洒水、喷水的活动中感到快乐和兴奋，因此水是整个幼儿园阶段科学教育的探究主题。教师可以帮助儿童获得更多有关水的经验，了解水的秘密，培养儿童珍惜水资源的情感。

关键经验：水是有重量的，水有不同的形态，水的形态可以相互转化，水的溶解现象，水的融合现象，水的沉浮现象，水存在不同的地方，水的好处和用途，保护水源。

具体内容：①水的物理性质：水是无色、无味、透明的液体；水是由高处向低处流动的；水有固态、气态、液态三种存在状态；水的存在状态在一定条件下可以发生变化；有些物体能在水中溶解，有些物体不能在水中溶解；有些物体可以与水融合，有些物体不能与水融合；有些物体在水中会浮起来，有些物体在水中会沉下去；水能渗透到一些物质里。②水的生态意义：水有多种用途；水是动植物生存的必要条件；水是我们的好朋友；地球上的水源；节约用水，保护水源。

（2）空气

空气作为一种无形的、一直存在的物质引发儿童兴趣。但由于空气缺乏具体而直观的形象，儿童较难认识和理解。因此，对空气探索的关键在于通过与空气使某些事物发生变化的现象让学前儿童体会空气就在他们周围。

关键经验：空气无处不在，流动的空气能推动物体，大气压力，空气使运动的物体减速。

具体内容：植物的生长需要空气，我们正呼吸着空气，空气的流动形成风，怎样能将袋子装满空气，降落伞的作用等。

（3）沙、石、土

沙、石、土也是儿童在日常生活中经常接触到的物质，多数儿童也非常喜欢玩沙、玩土。教师要利用已有资源，为儿童提供操作、摆弄、探究这些物质的机会和条件，引导他们主动建构接触这些物质的经验。

关键经验：沙、石、土的特征，沙、石、土在生活中的用途，沙、石、土与植物生长，沙、石、土与人类生活。

具体内容：探索沙、石、土的特性和用途；沙、石不适合植物生长，肥沃的土壤适合植物生长；合理利用土地。

2. 物理现象

本主题包括六个方面的内容：力与运动、声音、光与颜色、电、热与温度、磁。本主题的内容也与现代生活和社会有着密切联系，通过对具体材料和现象的探索，儿童也将更好地认识到科学技术与社会的关系。

（1）力与运动

力存在于我们的日常生活中，是我们生活中最普通的自然现象。但让儿童探索生活中的力不是学习各种力的概念、认识力的性质，而是探索、发现、体验、思考生活中有关力的经验，从这些感性经验中发现其中的简单规律。

关键经验：力与运动，各种各样的力，力的平衡，如何省力，简单的机械。

具体内容：感受力的大小，探索和发现力与运动的关系，探索和感受各种力的现象，探索平衡条件，认识各种简单机械，探索如何省力等。

（2）声音

声音存在于我们的生活中，也是我们认识和了解世界的信息源。声音也是儿童在日常生活和游戏中可以接触到的现象。儿童在探索声音的活动中感受声音的奇妙和探索的乐趣，并学会保护自己的耳朵。

关键经验：物体的振动产生声音，声音能通过许多物体传播，不同的物体产生不同的声音，噪声的危害。

具体内容：辨别各种声音（如噪声、乐声、自然的声音、人的声音等），探索声音的产生（如不同的物体产生不同的声音），探索声音的传播，观察生活中传播声音的科技产品，了解噪声的危害。

（3）光与颜色

光是自然界普遍存在的现象，并与人们的生活息息相关。学前儿童在感受和探索光与颜色的活动中，可以感受到光与颜色的奇妙和探索的乐趣，减少对黑暗的焦虑。

关键经验：没有光就看不见物体，光是非常重要的，光被遮挡后形成影子，光的反射和折射，不同颜色混合后会变色。

具体内容：探索和认识光源，认识光对于人类和动植物生存的重要性，生活中利用镜子等探索光的反射和折射现象，探索光和影子的关系；探索两种不同颜色混合在一起是否会变成新的颜色。

（4）电

我们的日常生活离不开电，学前儿童也会直接接触到许多与电有关的物品（如家用电器、电动玩具等）。儿童进行有关电的学习和探索，既能了解电的用途，满足其对电的好奇心，也能认识电的危害，学会安全用电，预防事故的发生。

关键经验：摩擦起电；电在日常生活的作用，物体的导电现象，电的多种来源，安全用电常识。

具体内容：探索摩擦起电的现象；电在日常生活中的作用（如家用电器的运转、电动玩具的开动等）；了解生活中电的来源（风力、水力、太阳能发电）；探究什么物体能够导电，什么物体不能导电；了解安全用电的常识。

（5）热与温度

感受和探索物体的冷热和温度需要结合学前儿童的实际生活经验。

关键经验：认识物体的冷和热，判断物体的冷和热，物体可以变冷或变热，天气有冷有热。

具体内容：知道有的物体热，有的物体冷；用感官判断物体的冷和热；用温度计简单测量物体的冷热；探索如何使物体变冷或变热；知道天气有冷也有热。

（6）磁

磁现象是学前儿童最好奇、最着迷的现象之一。磁铁不仅吸引钢铁，也吸引学前儿童的注意力。因此磁现象是最适宜儿童进行科学探索的内容之一。

关键经验：磁铁能吸引物体；磁铁能隔着一些材料吸引物体；磁铁两端有不同的指向，同极相斥，异极相吸；不同磁铁有不同的磁力。

具体内容：认识各种各样的磁铁；磁铁能吸引什么；磁铁能隔着一些材料吸引物体；探索和发现磁铁之间存在吸引和排斥的现象；哪块磁铁的磁力大，哪块磁铁的磁力小；磁铁在日常生活中的运用。

3. 化学现象

生活中有许多有趣的化学现象。我们可以选择一些简单、安全、有趣的化学现象，让学前儿童去探索和发现。

关键经验：通过探究能解决问题，提出有探究意义的问题，大胆猜想和假设，用适宜的方式记录自己的发现，乐于与同伴分享和交流探索过程和结果，敢于提出质疑。

具体内容：手变脏后用香皂洗手，食物容易发霉，酸奶是牛奶发酵制成的，碘酒能让淀粉产生变色反应，苏打粉倒进醋里产生气体等。

（三）地球与空间科学

学前儿童对他们周围一切有关地球的事物和现象都具有天然的兴趣，如土壤、岩石、小溪、雨、雪、云、彩虹、太阳、月亮和星星。地球与空间科学要让儿童用探究的方法探索地球上物质以及地球上的变化，这样不但可以使他们获得有关的知识，了解科学探究的过程和方法，体验到探究的乐趣，还可以使他们了解人类生存的地球环境中的阳光、空气、水、动植物、土壤等都是相互联系、相互影响的整体，意识到这些物质的价值以及保护它们的重要性。幼儿园地球与空间科学的内容主要包括天气和季节，太阳、月亮和星星等。这部分不仅有宏观的科学现象，也有微观的现象，同时还把本部分的内容与生命科学、物质科学等内容自然地联系成整体。

1. 天气和季节

天气和季节是自然环境的要素之一，是人类生活环境的重要组成部分。观察和了解天气与季节现象，对于儿童认识自己的生活环境、主动地适应环境以及保护身体的健康都有重要的意义。本主题的具体内容包括天气变化和季节变化。其中，小班的教学重点是让儿童观察日常的天气，知道天气的明显变化；中班的教学重点是让儿童了解四季的明显特征及其相关的天气现象；大班的教学重点是让儿童了解天气和季节与动植物及人们生活的关系，主动适应天气的变化。

（1）天气变化

天气变化的内容主要是让儿童观察和感受生活中常见的天气，并通过有趣的方式记录、预测和感受天气的变化，积累有关天气的经验，增强儿童对天气的适应能力，从而激发儿童对自然界的好奇心和探索欲。

关键经验：天气是不断变化的，天气是可以预测的，简单的天气现象。

具体内容：观察和感受不同情形下的风，观察云在不同天气时的变化，观察和记录不同的天气现象（如晴天、阴天、雨天等）。

（2）季节变化

季节变化的内容主要是让儿童认识每一个季节的美丽及其带给我们

的礼物，感受、体验和发现自然界的变化和奇妙，积累有关季节及其变化的经验，从而激发儿童对自然界的好奇心和探索欲。

关键经验：四季的名称，四季是规律地变化着的，四季的明显特征。

具体内容：每个季节的名称，不同季节的典型特征，不同季节中的天气现象。

2. 太阳、月亮和星星

学前儿童对遥远的天体有着强烈的探索兴趣，由于无法直接对天体进行探索，他们常常会产生许多离奇的想象。因为学前儿童无法直接探索这些天体，需要通过可以直接观察到的现象，或者科学图书以及太空模型等途径帮助儿童获得有关太阳、月亮和星星的经验。

关键经验：太阳使地球变暖，阳光是人类和动植物生存的条件，月亮的变化规律，星星有很多。

具体内容：太阳的颜色和形状，太阳带来的光和热，阳光是人和动植物生长所必需的条件之一，观察夜空中月亮的变化，观察夜空中的星星。

（四）科学技术

现如今，科学技术已经渗透到了我们社会生活的方方面面，深刻地影响着我们的日常生活。学前儿童在日常生活中无时无刻不在接受着现代科学技术的影响，享受着现代科学技术带来的便利。因此，科学技术也是幼儿园科学教育的重要内容。幼儿园科学教育应该"从生活或媒体中儿童熟悉的科技成果入手，引导儿童感受科学技术对生活的影响"，满足儿童了解生活中现代科学技术的需要，培养儿童关注现代科学技术的兴趣。幼儿园科学技术主题的内容主要包括生活中的科技产品、科技小制作两个部分。

1. 生活中的科技产品

生活中的科技产品是科学技术在日常生活中的实际运用。儿童通过关注和发现、探索和使用生活中熟悉的科技产品及其给日常生活带来的便利，感受和体验科技的神奇，激发对科学的兴趣和热爱。

（1）家用电器

关键经验：家用电器及其用途和使用方法。

具体内容：介绍常用的家用电器（如电视、冰箱、空调等），家用电器的简单使用方法，家用电器在生活中的作用等。

（2）交通工具

关键经验：交通工具及其作用，交通安全。

具体内容：各种现代交通工具在生活中的重要作用，认识并遵守交通规则等。

（3）科技玩具

关键经验：认识科技玩具，探索科技玩具。

具体内容：探索各种科技玩具的玩法，对科技玩具进行拆卸和组装，体会玩具的发展。

2. 科技小制作

儿童运用简单的、安全的、常见的工具和材料设计和制作一些简单的物品，体验发明、制作的过程，获得对科学技术的直接体验，提高对技术设计的兴趣和创造力。

关键经验：设计和制作简单玩具。

具体内容：制作简单的科技玩具。

上述学前儿童科学教育内容只是粗略的框架，有待在学前儿童科学教育教学实践中进行检验，也需要在学前儿童科学教育的理论研究与实践运用过程中，不断地丰富和充实，从而提高学前儿童科学教育活动的有效性，实现对学前儿童科学素养的早期培养。

第二节　幼儿园科学教育活动实施的创新性研究

一、幼儿园科学教育游戏化实施策略分析

（一）游戏化教学定义

游戏化教学起源于娱教理念，是将游戏引入课堂教学中为课堂教学服务的，教师根据学习者的心理特征，游戏的情境性、趣味性、竞争性等将教育游戏融入教学实践中，设计并选择合适的学习工具，运用适当的教学策略以及评价方式等进行教学的一种新型的教学模式。游戏化教学充分体现了"以人为本"的教育理念，学生是学习的主体，通过对学生身心特点的分析来进行游戏化教学设计并加以实施，并将课堂"游戏化"。这种方式比较符合小学生的年龄特点，小学生活泼好动，上课注意力很难集中，采用这种教学方式更容易激发并保持学生的学习兴趣，进而有助于提高课堂的教学效果。

（二） 幼儿园科学教育游戏化的必要性

学前儿童科学教育要把激发儿童爱科学、学科学的兴趣、情感和探究科学的欲望放在首位，引导儿童学习简单的科学方法，让儿童能够在自主探究的过程中获得有关周围事物及现象的科学认识，从而形成初步的科学素养。学前儿童科学教育并非短期行为，其目标体系应当以人的全面发展为根本目的，为培养具有积极主动性、探究性、创造性的人才奠定基础。因此学前儿童科学教育要注重对儿童科学兴趣、科学态度的培养，使儿童获得"科学精神"和"科学方法"，愿意并知道如何去认识事物。

与此同时，"爱游戏"是儿童最主要的天性。心理学研究表明，儿童之所以游戏，之所以乐此不疲，是大脑细胞发育的需要，所以儿童才会专注地从事着在成人看来极其枯燥无味的游戏。在游戏中，儿童的好奇心、创造力以及解决问题的能力都比在高控制的集体教学中容易培养。而科学教育最关键的就是呵护儿童的好奇心，培养儿童的创造力，从这一角度看，幼儿园科学教育的游戏化实施是非常必要的，把游戏作为一种活动的形式或手段来组织和实施幼儿园科学教育，可以让儿童好奇、好动、好模仿的特点得到充分发挥，使儿童在主动活动中学会学习，同时，在游戏中学习可以让儿童感受更多的乐趣，从而乐于学习。

（三） 幼儿园科学教育存在的问题分析

1. 科学教育形式枯燥单一

长期以来，在幼儿园的科学课程实施过程中，教师最常见的做法是把一个个知识点灌输给儿童，使儿童获得科学知识和经验的方式主要为"听"和"看"，而不是动手操作和探究。走进幼儿园科学活动通常会发现，本来非常有趣的科学实验，却由于教师教学方式的高控制而使儿童变得无所事事，教师在前面演示，儿童只能在一旁观望，教师对于儿童心中强烈的探索欲望全然不知。在经历了一次次的观望后，儿童的科学兴趣就会被一点点地抹杀，更不用说对儿童探究能力和探究精神的培养。在目标上，教师把科学教育的目标确立为让儿童知道知识点，这种知识本位的教育理念从根本上来讲并不利于儿童的终身发展，也难以培养儿童求真求实、质疑探究的科学精神。

2. 幼儿教师对结果的关注多于对过程的关注

《3～6岁儿童学习与发展指南》指出："幼儿科学学习的核心是激

发探究兴趣，体验探究过程，发展初步的探究能力。成人要善于发现和保护幼儿的好奇心，充分利用自然和实际生活机会，引导幼儿通过观察、比较、操作、实验等方法，学习发现问题、分析问题和解决问题；帮助幼儿不断积累经验，并运用于新的学习活动，形成受益终身的学习态度和能力。"可见，作为幼儿园教育工作者应该更关注儿童获得科学经验的过程，而不是用简单粗糙的方式追求结果。但在当前的幼儿园科学教育实践中，教师总是会将答案直接告诉儿童，让儿童失去了探究的乐趣，也没有机会在错误中反思和成长。

（四）幼儿园科学教育游戏化实施的策略

1. 烘托游戏化氛围

学前儿童的思维多处于具体形象思维阶段，活泼鲜明、生动有趣的形象很容易引起儿童的注意，尤其是一些儿童认知度较高的人物、动物形象，会使他们身临其境般地融入角色、走进情境。因此，在科学课程实施的过程中首先要营造游戏化的氛围，一方面可以将科学伟人的形象、成长历程和发明创造引入课程，这样能有效激发儿童学习科学的积极性，使其能够充满激情、带着向往参加科学活动；另一方面游戏化的情境也是烘托游戏化氛围的重要方法之一，教师可以在教学中设计角色扮演、成长再现等情境，通过游戏激发儿童参与活动的兴趣。此外，幼儿园还可以创造自然环境，让他们亲近自然、走进自然，在自然中激发学习科学的兴趣，如开辟农夫农场，让他们在农场种植或养殖、观察动植物，通过记录"农夫日记"来反馈自己的所见、所闻、所思。

2. 创设游戏化环境

良好的游戏环境是渗透教育者意图、充满智慧和儿童情趣的生活活动空间。它不是一般意义上的物质空间，而是一个布局合理、结构优良、材料丰富、儿童可以充分活动的游戏环境。浓厚的科学氛围和适宜、丰富的科学游戏环境是激发儿童科学探究兴趣、开展科学游戏活动的重要条件。在创设游戏化科学环境的过程中，幼儿园可以根据自身的地理位置、园所生均面积、条件设备情况因地制宜，高效利用空间，科学设计儿童户外、公共区域、专用室、班级区域等功能区，进行科学环境多维立体创设，高效开发幼儿园现有场地和器材的教育功能，营造开放、互动的科学游戏环境，独创性地建设科学文化氛围，让置身于其中的幼儿乐于探索、善于学习、勤于动脑、勇于发现，全面提高科学素养。

3. 开展游戏化教学的对策

（1）区域科学游戏

区域科学游戏以班级为地点，每日开展区域活动。在活动中，教师可以根据班级幼儿的兴趣、年龄特点和探究能力创设主题化的科学小游戏、科学小实验，如"水世界""纸系列""光影魔幻""空气系列"等。在同一个时间段，教师可以提供 4～5 个游戏内容，让幼儿自主选择。每两周可以安排一次级部范围的自主游戏，一个级部的所有班级都开放各自班级的科学区域，幼儿可以到各班去选择自己喜欢的科学游戏。这有助于促进幼儿之间的交流，让班级的教育资源得到最大限度的利用。

（2）举办科技节

幼儿园可以每年举办一次科技节，每次科技节为期一周。在这一周内，幼儿园可以组织设计一系列的科技活动，从环境创设、区域活动、宣传活动、家长活动、日常渗透等多个方面入手。例如，"森林学堂"可以让家长和孩子共同参与户外探究活动，使活动内容更丰富、兴趣点更多元。"亲子小实验"可以让爸爸妈妈和孩子们一起做实验，分享探索的乐趣和发现的成功感。"环保时装秀"可以引导孩子们分类收集生活中的废旧材料，开发瓶子、纸盒、瓶盖、宣传册、包装袋、报纸等系列废旧材料重复利用活动，进行创意服装制作，并大胆展示。"自然工作坊"可以充分利用家长资源，发挥家长的特长，邀请他们来园当"科学博士"，和孩子共同探究、游戏。"亲子科技小制作"可以为家长和幼儿提供一些使用方便、操作性强、牢固安全的材料，共同开展亲子小制作活动。

（3）科学探索之旅

幼儿园可以定期组织"欢乐大家庭"活动，以家庭为单位由家长发起组织儿童外出参观，拓展学前儿童科学教育空间。例如，参观汽车修理厂，了解汽车修理的一般程序；参观牛奶厂，了解奶牛的养殖方法及机器挤奶、牛奶消毒、牛奶包装等方法。外出参观活动可以大大拓宽儿童的视野，使他们看到更多幼儿园以外的科学现象，既增长科学知识，又丰富生活经验，更重要的是让儿童有了更多的体验。

4. 开展游戏化教育评价

《3～6 岁儿童学习与发展指南》指出"要充分理解和尊重幼儿发展进程中的个别差异，支持和引导他们从原有水平向更高水平发展，按照自身的速度和方式到达《3～6 岁儿童学习与发展指南》所呈现的发展'阶梯'，切忌用一把'尺子'衡量所有幼儿"。这就要求对孩子的评价不能简单搞"一刀切"，而要运用过程性评价和发展性评价。具体而言，在每次科学区域开放活动时，教师应为每个孩子设计一个参加科学活动的"护照"，作为儿童参与科学活动的评价工具。孩子到每一个班级去选择游戏时，教师要根据孩子在活动区玩的情况给孩子盖不同的章，如对探究能力缺乏的孩子会盖工具章，对问题解决能力弱的孩子会盖小手章，这样孩子回到自己班上时，教师只要通过看孩子的"护照"就可以了解孩子的游戏情况。在参加农夫农场后，孩子们记的"农夫日记"既是观察记录，也是适用于孩子教育评价的工具，教师可以收集孩子们的记录本，对照前后的不同来分析孩子在表征能力、观察能力、思维能力等多方面的发展情况。游戏化的评价让评价更加简单、直接、具体，也能最大限度地尊重孩子。

幼儿教师作为学前儿童科学教育的实践者，必须始终将游戏精神作为贯穿教育过程的主线，让游戏成为融汇全部教育活动及其所有过程的灵魂，如此幼儿园科学教育才能真正呵护孩子的好奇心和求知欲，幼儿园教育才能为学前儿童提供快乐的童年生活。

二、幼儿园科学教育生活化实施策略分析

（一）生活及生活化分析

生活是一个平常而又复杂的概念。汉语中的"生活"是指"生存、活着"，英语中的"life"，既有"生活"之义，又有"生命"之义。可见，生命和生活联系紧密，不可分割。生活是生命的存在形式，作为生命体的人在生活中存在和发展，即人在生活中舒展着自己的生命，体验着自己的生存状态，享受着生命的快活和生活的乐趣。

梁漱溟曾指出："生命与生活，在我说实际上是纯然一回事；一为表体，一为表用而已，'生'与'活'二字，意义相同，生即活，活亦即生。"在我国学者陶行知的论述中，生活是指人类所有的实践。他曾指出："生活主义包含万状，凡人生一切所需皆属之。其范围之广，实与教育等。"

美国教育学家杜威则指出，我们使用"生活"这个词来表示个体的和种族的全部经验，即包括了个体的和群体的这两种不同的类型。其中，个体的经验是有限的，群体的经验却在不断地延续之中。这是从相对宏观的角度来界定的。而根据经验的不同范畴，杜威认为，生活包括了习惯、制度、信仰、胜利和失败、休闲和工作。杜威指出，每一个个

体，作为群体生活经验载体的每一个单位，总有一天会消亡。但群体的生活将继续下去。就人类来说，信仰、理想、希望、快乐、痛苦和实践的重新创造，伴随着物质生存的更新。通过社会群体的更新，任何经验的延续都是实在的事实。教育在它最广的意义上，就是这种生活的社会延续。而在胡塞尔和哈贝马斯对于"生活世界"的理解中，我们可以把"生活世界"理解为一个非课题性的、奠基性的、直观的、人的生命存在的综合性世界，是人正经历着的世界，是由人构成的关系世界，也是一个人在其中的实体世界。它具有复杂性、原初性、直观性、基础性等基本特征。

"化"是一种后缀，加在名词或形容词的后面构成了动词，表示转变成某种性质或状态。王庆生主编的《文艺创作知识辞典》中是这样界定"生活化"的："生活化"，相对于"概念化"而言，即在文艺创作中，坚持从生活出发，按照生活的本来面目真实地反映生活，使作品具有浓厚的生活气息和生活情趣，像生活那样丰富多彩、错综复杂。它要求作家、艺术家熟悉生活。但生活化并不等于照搬生活，决不能把它和典型化对立起来。

在本书中，笔者的"生活化"关注的是幼儿在幼儿园中经历着的、促使其生长与发展的生活过程。幼儿园教育应该关注幼儿的日常生活，不管是内容的选择还是组织方法的采用，都应该与幼儿的生活经验紧密联系起来。

（二）幼儿园科学教育生活化

笔者所讲的"学前儿童科学教育生活化"主要包括以下两个方面内容。

1. 幼儿园一日生活的各个环节之中融入科学元素

幼儿园的一日生活环节包括入园环节、盥洗环节、进餐环节、如厕环节、喝水环节、过渡环节、午睡环节、离园环节以及集体教育环节。在除科学教育活动之外的集体教育活动中以及儿童的其他一日生活环节中加入科学元素，能够很好地激发儿童学习科学以及参与科学活动的兴趣，让儿童能够在一个轻松的氛围中以一种愉悦的心情进行新知识与新技能的学习，从而更好地帮助幼儿园各个生活环节顺利地开展与实施。

2. 幼儿园专门的科学教育活动中也要渗透生活元素

幼儿园专门的科学教育活动主要包括科学实验探索、数学教学等。在这些活动中渗透与生活密切相关的科学教育内容，使儿童在具有一定熟悉度的生活经验背景下学习科学，感受科学的魅力。

（三）幼儿园科学教育生活化的特点

科学教育作为幼儿园五大领域课程中艺术领域的重要组成部分，在促进儿童身心全面发展方面具有不可替代的作用。生活化的幼儿园科学教育要求我们关注儿童一日生活环节中的科学成分以及幼儿园专门的科学活动中的生活元素。因此，综合起来说，幼儿园科学教育生活化具有以下特点。

1. 科学性

这是科学教育生活化最主要的特点，也是科学教育区别于其他教育领域最显著的特点。幼儿园科学教育生活化的目的就是在科学教学中渗透生活，用科学组织生活，让幼儿体验到科学带来的愉悦性、感染性，让幼儿园的一日生活中始终充满科学性。

2. 生活性

在幼儿园的一日生活环节中，吃、喝、拉、撒、睡等生活技能都包含在内，这些都是满足儿童生理需求、维持儿童基本生存需要的内容，具有很强的基础性与生活性。幼儿园科学教育生活化就是在儿童的这些生活环节中渗透科学元素，让专门的科学教育活动与儿童的生活经验紧密相连。

3. 过程性

幼儿园科学教育生活化既要关注专门的科学教育活动的过程，又要关注一日生活的过程。幼儿在学习过程中自主行动，全身心投入，享受科学与生活的过程。对于学前儿童来说，科学教育就是儿童自己动手、动脑的一个学习与实践的过程，就是儿童自己的行动，就是儿童自己积极主动地全身心参与其中并获得相关认知与情感发展的过程。

4. 游戏性

在幼儿园中，游戏是学前儿童的主要活动，也是学前儿童最喜爱的一种活动方式。对于幼儿来说，幼儿园中大部分的学习都是以游戏的方式完成的。生活化的幼儿园科学教育活动同样以游戏的形式开展，将科学游戏融入专门的科学教育活动和幼儿园一日生活当中，充分发挥游戏在学前儿童教育中的作用，促进儿童健康发展。

5. 整合性

陈鹤琴提出用"整个教学法"对幼儿进行教学，主张"把儿童所应该学习的东西整个地、有系统地教儿童去学"，因为生活是整个的、相互联系的、不可分割的。幼儿园科学教育生活化关注的就是科学与生活的整合，通过科学教育生活化的手段来促进儿童的全面发展。

（四）幼儿园科学教育生活化的实施策略

1. 创设适宜的科学探究氛围

创设适宜的科学探究氛围是实现科学教育生活化的基本保障。环境是重要的教育资源，具有熏陶影响、潜移默化的作用，良好的教育环境是促进学前儿童发展的基础，作为学前儿童科学教育活动的引导者、参与者，幼儿园教师首先要为儿童的科学活动创造良好的学习环境，进一步激发儿童参与科学活动的积极性。

（1）创设丰富、有观察及探索价值的物质环境

幼儿园教师应根据班级和园内的实际情况，设置班级科学探索区、自然角、科学发现室等可供学前儿童进行科学探索活动的环境。在各班的科学探索区中，墙饰内容应根据主题变动及时更换、增减。以小班"可爱的小动物"主题为例，墙面上张贴各种小动物的图片，结合开展晨间播报，图文并茂的主题墙是学前儿童时常聚集、交谈的场所，丰富了儿童的相关经验、激发了儿童对动物的喜爱和进一步了解的欲望；区域中提供了"小动物拼图""配对卡""小动物找家"等系列活动材料让学前儿童动手操作，巩固儿童对动物外形的认知。而自然角中小班通常饲养一些小动物，如金鱼、泥鳅等，引导儿童观察它们的生长过程及生活特征；中班则在植物角内种植一些豆类、水培植物，引导儿童了解它们的名称，观察豆类发芽的过程，通过不同种植环境的对比实验知道植物生长需要阳光、空气、养料等知识；大班的自然角中布置了"晴雨花""温度表"，设置种植园地，引导儿童有目的、系统地记录与观察植物成长状况，了解气候情况对植物成长的影响。科学发现室则根据科学教育内容划分为动、静两块区域：静即"观察区"，动即"试验区"。观察区主要由图片和实物组成，如"各类标本""各类模型""地球仪""宇宙星系景观墙"等，让儿童在观察与辨别中习得、巩固已学的知识经验；"试验区"有各种各样可供儿童动手操作的试验材料，如"小灯泡亮了""手摇发电机""天平""万花筒"等，让他们在活动中有目的地操作、观察、记录与表达。在浓厚的科学氛围中幼儿自然而然地接触各类科学内容，观察各种科学现象，交流各种科学小发现和小知识，乐在其中，学在其中。

（2）营造一个和谐的心理环境

宽松、支持的交流氛围是学前儿童大胆、自由表达的基础，教师是营造这种互动氛围的主角。幼儿园教师应通过各种教研活动交流、分享如何运用语言和非语言的有效手段、方式方法引导儿童自由表达信息。例如，教师在与儿童的交流中有亲密的身体接触，包括摸摸儿童的头、背，更容易吸引和维持儿童的注意力；用轻柔的语气和语调与儿童交流；用鼓励的眼神注视儿童；对于儿童的观点给予积极的肯定，淡化他们在交流中的错误；允许发表不同的想法，肯定他们的求异思维。这些策略的积极运用，会让他们感到教师的支持与包容，从而促使儿童大胆猜测，大胆尝试，自由、充分地表达。

2. 选择符合学前儿童生活经验的科学教育内容

选择符合学前儿童生活经验的科学教育内容是实现科学教育生活化的前提条件。幼儿园科学教育的内容有自然现象、人类、动植物、物质世界的现象、现代科技等，内容涉及的面广而且量大，作为幼儿园的科学教育工作者，面对大千世界，应该科学选择适合学前儿童科学教育的内容，让科学教育真正走进幼儿的生活世界。

（1）从解决儿童生活中出现的实际问题出发选择教学内容

科学启蒙教育应以儿童的生活及其周围环境为基础，使教育内容与儿童的实际生活、感性经验相结合，让学前儿童能够在真实的情境中学习，最终能运用知识解决生活中的问题。例如，中班科学活动"认识电池的正负极"中，为了让孩子们知道电池在电动玩具中的作用以及正确装电池的方法，活动前教师将电动玩具里的电池都取出来，让孩子们动脑筋选择合适的电池装入让玩具动起来。在操作过程中，有的孩子会将电池装反了，有的孩子会在选择电池型号时出错……在教师的引导和鼓励下，他们反复实践探索、总结经验，逐步揭开了电池正负极的秘密。当每个玩具都动起来的时候，他们会获得一种成功的喜悦，同时也掌握了正确装电池的方法。由此可见，科学教育的内容只有为儿童的生活服务才能实现其价值。

（2）从反映生活经验并引发儿童了解常见生活现象出发选择教学内容

生活的方方面面都蕴含着各种各样的科学现象及原理，如何让学前儿童关注生活细节，激发儿童对生活中各类事物的探索兴趣，也成为当前应解决的主要问题。针对这一问题，各年级的教师依据月份研究内容提前预设了与儿童生活经验相关的各个教育活动，如小班选择

"有趣的传声筒""会跳舞的娃娃""不喝水的蜡"等科学内容，中班选择"有趣的镜子""奇妙的笔""探索'力'""有趣的电"等科学内容，大班选择"雨的形成""周围的斜坡""多变的天气""空气在哪里"等科学内容，引导学前儿童了解及探索身边常见的事物及现象，初步了解事物产生的缘由，深入交流和发掘各种事物及现象给生活带来的影响。

3. 提供生活中具有可探究性的操作材料

在科学教育活动过程当中，为学生提供生活中具有可探究性的操作材料是实现科学教育生活化的有力手段。在科学活动中要促进儿童成为主动的探索者，自主获取更为广泛的经验，操作材料的选择显得尤为重要，它不仅体现着探索的价值，更体现了隐性指导。教师要围绕科学教育活动目标给儿童提供适宜的材料，确保活动效果的最佳化。

（1）操作材料应贴近儿童生活，具有探究性

对于生活中平实的物品教师也可充分挖掘其趣味性与探究点。例如，中班科学活动"有趣的镜子"中孩子们从家中带来了平面镜、凹面镜、凸面镜等不同样式的镜子，教师用一则谜语引出镜子，先引导大家观察镜子的结构特点、各种镜子的外形差异，再引导孩子们照一照镜子中的五官，感受镜子平面反射成像的作用，并提供对称、不对称图样及字卡等图片让幼儿观察不同图片在镜子中的成像，启发儿童了解镜子成像会呈现左右颠倒的现象，最后带领儿童到户外在阳光下感受镜子能在光线下实现光反射的特点。整个活动生动有趣，平日里处处可见的镜子成了孩子们探索、游戏的趣味性操作材料。

（2）科学活动材料提供应具有层次性

在教学过程当中，必须尊重学前儿童的发展差异，尊重儿童的个体差异，学生不可能同时达到同一个目标，应尽量做到有效促进他们在原有水平上的发展、提高。在提供科学活动操作材料时，要深入考虑材料的层次性，可提供成品、半成品或废旧物品，供孩子们自主选择，这样有利于学前儿童的深入探究。例如，大班科学活动"怎样使小铁块不下沉"中，教师提供了小纸片、橡皮泥、塑料盒、泡沫块、棉花片、积木等材料让孩子们自由选择，有的孩子挑选泡沫块，发现小铁块会随着泡沫块漂浮在水上；有的孩子则选择橡皮泥，发现橡皮泥团圆压扁后能托着小铁块浮在水面上。又如，在中班科学探究活动"顶顶真有趣"中，让学前儿童探索如何运用各种材料寻找支撑纸盘的中心点，教师提供了竹签、吸管、水彩笔、圆柱形积木等鼓励孩子们自由选择。在这一过程

中，孩子们会根据自己的生活经验和操作技能选择自己有信心、有把握的材料逐次尝试，这样更容易让学生获得成功的体验。

（3）科学活动材料提供应具有多样性

科学活动材料的多样化能确保儿童探索过程的进一步丰富。例如，在大班科学活动"怎样稳定滚动的球"中，教师要求儿童探究只用一张纸稳定球的多种方法，同时也提供了帮助纸稳定球的多种辅助材料——橡皮圈、胶布、杯子、绳子及剪刀、订书机等。有的孩子把纸张搓成结实的纸棒，再用胶布头尾黏合成圆圈，作为皮球置放的底托，创造性地整合、利用了材料。

（4）科学活动材料提供应具有挑战性

有挑战的科学活动才具有意义，根据"最近发展区"的原理，提供的材料操作难度既要高于学前儿童的实际发展水平，又要能保持他们的探究兴趣，只有这样他们才会对材料有兴趣，才能产生探究的问题。例如，大班科学活动"水位变变变"中，教师提供大小不同、重量不同的球体，让学前儿童先通过比较发现体积越大的球体能让水位升得越高，再通过尝试探究体积相同、重量不同的球体所导致的水位变化，使他们在一次次的观察、验证中感受水位升高与沉入水中物体的体积和重量相关。

4. 多种教育策略巧妙引导

多种教育策略巧妙引导是实现幼儿园科学教育活动生活化的关键环节。幼儿的科学活动过程是幼儿发现问题、提出问题、分析问题、解决问题的过程。在科学教育活动指导中教师可以根据科学活动内容、儿童的年龄特点和生活经验，并借鉴一些常见的生活事件，创设一个个生动而真实的、可亲身体验的、科学而有效的模拟生活的教育情境，让学前儿童在问题情境中发现问题、寻找解决问题的方法。循着问题解决的过程，教师应采取多种策略应对与启发引导，这对教师灵活应变的调控、指导能力提出了较高的要求。

（1）采用情境教学法激发学生学习

设置一个有趣、有效的问题情境可以激发学前儿童对活动的兴趣，吸引他们主动思考、观察、探索、发现。问题情境要符合学前儿童已有的经验，使他们有能力进行探索，同时又要具有一定的挑战性和探索空间，其中有效的提问是引导学前儿童积极猜想的动力。

（2）细心观察、逐步引导，启发幼儿深入探究活动过程

在科学探究活动中，教师要细心观察儿童的神情、行为表现、讨论

的问题等，注意儿童有哪些困难和认知冲突，以便及时介入儿童的活动，例给，予必要的引导。如中班开展了一堂科学探究活动"怎样让纸发出声音"，教师先为每个儿童提供一张白纸，鼓励儿童运用各种方式方法让纸张发出声响，并邀请儿童首次实践后介绍经验，儿童们兴奋地描述和演示着"吹、撕、揉、拍"等各种方式。接着教师启发儿童寻找出让纸张发出最大声和最小声的方法，并发起"声响大比拼"，有儿童找出"捏"的动作能让纸张发出微小的声音，有儿童找出"弹"的方法能让纸张发出最大的声响……然后教师为每组提供了各种不同的纸张，有卡纸、亮光纸、报纸、瓦楞纸等，引导儿童感知不同的纸张在同种动态下发出的声音不同。最后，教师与儿童一起制作"响炮"，"砰"的声响引起孩子们欢乐的笑声。一张纸的课程上得生动有趣。可见，教师要善于捕捉有代表性的实验现象和手段，引导孩子们深入地操作材料和探究内容。在幼儿的尝试过程中，教师要引导幼儿反复操作，比较、验证探索结果，学习调整自己的行为和实验方式，以获得更多积极的经验。

（3）有选择地提供记录表，适时引导记录获得的信息

记录获得的信息，能使幼儿关注探究过程和事物的变化，把抽象的信息变成具体的图表。尽管孩子们的记录结果极为幼稚，他们只会用一些简图或符号，但是这些都是孩子们获取的知识，有助于幼儿将原有认知与当前操作结果相比较，调整原有认知，主动建构新经验。教师应针对不同年龄的幼儿选择适当的记录方式，保证幼儿探索的积极性。小班幼儿的语言表达能力和绘画水平都处于初级阶段，所以教师可在倾听幼儿的观察描述的基础上，配合图画协助幼儿进行记录；或为幼儿提供已画好背景的记录卡，引导幼儿自主观察，并用简单的符号随时记录自己的观察发现。中班幼儿有了一定的自我表现欲望和与他人讨论自我经验的意识，所以教师可给幼儿提供记录卡和记录需要的一些图示，引导幼儿对照图示进行自主记录；还可给幼儿提供一些半成品材料，投放在区角当中，让幼儿随时随地使用这些材料记录自己的猜想与观察到的现象。大班幼儿已经明显表现出主动学习的愿望，并且能够运用多种手段较为清晰地描述自己的所见所闻。教师可给幼儿准备一本记录本，引导幼儿随时观察随时记录，并将已记录完的记录本投放在图书区中给更多的幼儿观看；还可给幼儿提供多种辅助性材料，让幼儿选择自己喜欢的方式进行观察记录。同时，判断是否使用记录表应切合具体的活动，操作过程有成品保留下来的活动或实验现象在操作后仍存在的活动通常不需要设置记录表。记录表应该应用在操作过程后没有留下痕迹的活动

中，如"物体是怎样落下来的"，或者应用在实验现象在操作后就消失的活动中，如"好玩的泡泡"等，起到帮助回忆和再现实验过程的目的。

5. 加强家园互动合作

教学实践充分证实，家园互动合作对于推动科学教育活动生活化的实现具有重要作用。让家长感受幼儿园科学教育研究活动的意义，引导其积极带动儿童关注生活中的科学，了解生活中的科学对科学教育生活化课题研究的进展及儿童科学知识经验的构建有极其重要的促进作用。

（1）在科学活动的开展中调动家长资源以促进活动的开展

学期初，幼儿园教师可面向学生分发"热爱生活·探索世界"科学展示活动邀请函，鼓励家长寻找源自生活、易于儿童操作的安全有趣的科学小实验内容。可以让家长填写表格并附实验过程彩照交至班级，展示在班级分享栏，同时可以定期邀请家长到班级现场与孩子合作表演实验过程，讲解简单的实验原理，并推选部分家长参与期末组织的"学园科学展示活动"，面向全体学生展示趣味小实验。活动过程中家长与孩子都能够感到新奇，体会到做科学小实验的乐趣和舞台表演的快乐，同时更激发了全体学生对科学小实验的热情，营造了学习科学、应用科学的浓厚学习氛围。

（2）举行亲子科技作品制作及展示、义卖活动，引发幼儿自制科技作品的热情

可在"六一"儿童节期前举行科学作品的义卖活动，鼓励家长与孩子合作利用废旧物品制作科技类环保作品，并制作各式各样的样品让家长及孩子参观、参考。在家长的巧思和孩子的精心配合下，做出琳琅满目、精巧细致的科学作品，这样不但能够让孩子们体验到成功的乐趣，同时可以创设机会让孩子们在玩中做、做中学，主动探究与了解简单的科学原理。

总而言之，在学前儿童科学教育活动中，应奏响"生活化的乐章"，密切生活与科学活动的联系，努力寻求更为自然、符合学前儿童年龄特点的教育，通过积极有效的引导促使儿童在生活中不断地获得丰富的经验，增进对科学知识、现象的了解，从而促使学前儿童知识、能力、情感、品行的全面发展。

第三节　幼儿园科学教育教学活动案例分析

【案例 1】种子宝宝找新家

一、教学活动设计意图

学前儿童科学教育应以唤起儿童对知识的好奇心为主，然后教会儿童学习运用科学的方法进行探究、了解自然，从而掌握适宜的科学知识。各种各样的植物、种子以及它们之间的生生不息、循环往复对儿童具有较大的吸引力，但儿童也会有较大的困惑，中班幼儿已经会在探究、思考中学习科学，也能够借助个体与材料去解决问题。

二、教学活动目标

1. 初步了解一些依靠风力、动物、流水进行种子传播的方式，发展儿童的观察力。

2. 能与同伴共同探究，学习用记录的方式和适当的语言表达自己的认识。

3. 感受自然界的神奇，喜欢科学活动，产生探索自然的兴趣。

三、活动准备

1. 知识准备：搜集一些关于种子的图片资料和实物，认识各种种子。

2. 实物准备：苍耳、蒲公英、莲蓬、水盆、放大镜、记录纸、课件。

四、活动过程

（一）儿歌导入，引出课题

1. 出示实物种子，请孩子看看、认认、说说。（小朋友，今天种子宝宝大聚会，你们能说出它们是谁的种子吗？等会儿我们一起来认识一些特殊的种子宝宝。）

2.《蒲公英》（歌词：一个小球毛茸茸，好像棉絮好像绒，对它轻轻吹口气，许多伞兵飞天空。小伞兵啊小伞兵，飞到西来飞到东。待到明年春三月，路旁开满蒲公英。）儿歌切入，问：谁听出来了，蒲公英是怎么去找自己的新家的？请幼儿轻轻地拿起桌上的蒲公英，仔细观察。

（解析：这个环节以各种各样的植物种子引出课题，让幼儿在较短的时间里集中注意力，并通过对已有经验的再现与共享，激发幼儿的探索兴趣。同时，借助儿歌《蒲公英》，引出关于种子传播特殊途径的知识，过渡自然。）

（二）尝试探索，习得经验

1. 了解蒲公英的传播方式

（1）观察蒲公英的外形，说说蒲公英是什么样子的？

（2）让儿童以小组为单位做实验，并进行记录。记录分三次吹动蒲公英的现象，第一次不要吹，第二次吹的时候用力小一点，第三次吹的时候用力稍大一点，让儿童观察蒲公英三次飘落的位置在远近上的差别。

（3）为什么三次吹动后的结果不一样？（风越小，种子飞得越近，风越大，种子飞得越远。）

（9）为什么蒲公英的种子可以随风飘扬？它有什么与众不同的地方？

（5）教师小结种子靠风传播需要的条件。

（解析：因为有儿歌做铺垫，幼儿对于蒲公英种子了解起来较容易，把它放在认识特殊传播方式活动的第一位，容易让幼儿有种成就感，同时提供给幼儿操作，的机会便于他们进行比较。）

2. 苍耳的传播方式

（1）给幼儿分发苍耳种子实物，通过实际操作感知苍耳的特征。

问：当你摸苍耳时有什么感觉？（刺刺的感觉）

（2）提供操作材料，进一步感知苍耳的特征。

以小组为单位让孩子用放大镜仔细观察苍耳的刺。

问：放大镜里苍耳的刺是什么样子的？（引导幼儿主动交流）

为什么苍耳能紧紧抓住动物的毛？（苍耳的刺像弯弯的小钩子紧紧地抓住动物的毛）

（3）小结种子依靠动物传播需要的条件。

（解析：苍耳作为本次活动认识的第二种具有特殊传播方式的植物种子，幼儿可能会对其比较陌生，但是因为有了实物与操作的材料，幼儿通过亲自感知可以更直接地了解到它的一些特殊性，便于理解这个经验与知识。）

3. 莲子的传播方式

（1）出示莲子，操作认识特征。

问：你见过这个种子吗，它是谁的宝宝？生活在哪里？

请幼儿将莲蓬放到水盆里，进行观察和操作。实验后得出结论：莲蓬是漂浮在水中的。

（2）了解莲子的传播方式，播放课件，巩固知识。

（3）启发幼儿思索：还有哪些植物生长在水中或水边，并且种子靠水传播。

（解析：莲子的传播方式对幼儿已有的知识经验来说更具有挑战性，因此，这个环节教师通过让幼儿亲自体验与观看课件相结合让幼儿来习得这个经验。）

4. 教师小结种子的特殊传播方式

（三）拓展延伸，经验升华

引导幼儿通过家长、网络资源等，了解种子的其他传播方式。

（解析：这个环节让幼儿带着新的知识点去引发他们探索大自然的兴致，拓展新的经验。）

【案例 2】"低碳"出行

一、设计意图

地球是我们的家园，爱护地球是我们每个公民应尽的义务和责任，但随着全球工业经济的快速发展，温室气体排放日益增多，全球气候逐渐变暖，自然灾害频频发生。为了控制全球气候变暖，限制二氧化碳的排放量，"低碳"这个词语再次进入人们的生活，做"低碳生活"的践行者是全人类共同的使命，而对于幼儿来说，首先要做到的是增强低碳节能意识，树立低碳生活的观念和态度，在成人的引领下参加各种力所能及的低碳节能行动，传播绿色环保理念，用自己小小的行动影响身边更多的人为地球多增添一分绿色。"教育一个孩子，影响一个家庭，带动整个社会"是本活动设计的最终目的。

二、活动目标

1. 通过多种途径的展示方法，初步了解生活中的大气污染源有哪些。

2. 运用讨论、调查、统计的方法，了解日常出行方式中哪些会对大气造成污染。

3. 懂得低碳出行的好处，培养低碳生活的生活态度和环保意识。

三、活动准备

知识准备：低碳生活含义 PPT（各种大气污染源图片）。

情感准备：幼儿有初步的低碳生活态度和环保意识。

四、活动过程

（一）让幼儿自由讨论日常见到的出行方式

提问：我们来观察一下，马路上这么多人，他们出行的方式有哪些？你能记住几种？

（解析：让幼儿进行实地观察，既能帮助幼儿回忆已有知识点，也能让他们依据已有经验进行梳理、归纳、总结。）

（二）幼儿集体讨论，教师统计答案

1. 用图片形式小结观察结果

PPT展示出行方式：行走、自行车、电瓶车、摩托车、三轮车、汽车。

2. 观察选择哪种出行方式的人最多？

教师可根据幼儿的回答在PPT中出示相对应的图片。

（解析：以图片形式小结、统计幼儿的观察结果，能给幼儿一个直观印象，也便于幼儿看清自己的观察结果。）

3. 用队列形式统计幼儿最喜欢的出行方式

幼儿选择自己最喜欢的出行方式，并站在这种出行方式的图片前面，派代表来阐述喜欢的理由。（选择汽车出行的幼儿较多，阐述的理由有：快、舒服、遮挡风雨等。个别幼儿选择步行、骑自行车、坐三轮车。阐述的理由有：锻炼身体、看风景、不晕车等。）

（解析：队列归纳能让幼儿不拘于常规的小结活动，而动态归纳总结方式更能让幼儿清楚自己的选择。）

（三）回忆已有经验，提出"产生尾气的出行工具"大讨论

1. 哪些出行方式会产生有味道的气体？（出示PPT，幼儿发现汽车、摩托车开起来尾部会排出气体。）

2. 闻起来是怎样的？（臭臭的）你会用什么动作来保护自己？（捂鼻子）

3. 冒出的气体是什么？对我们人类会有什么危害？（幼儿自由讨论）

（解析：从生活经验入手引导幼儿回忆已有知识点，并细化生活经验，帮助幼儿从一点一滴中发现尾气的产生。）

（四）观察PPT，引导幼儿了解尾气排放给环境带来的污染

1. 这种气体最后都到哪里去了？

2. 空气逐渐被污染了，对我们的生活有危害吗？

3. 我们生活的地球会成什么样？

4. 我们该怎么做？

（解析：PPT 展示的画面让幼儿观察到了尾气排放产生的污染，黑色的画面给幼儿压抑的感觉，从侧面给了幼儿一个冲击力。）

（五）了解低碳环保的出行方式，引导幼儿在讨论中掌握合适的低碳环保出行方式

1. 路程较短的低碳环保出行方式大讨论。

2. 路程较远的低碳环保出行方式大讨论。

（教师引导幼儿通过汽车尾气排放量与乘坐人数相对比，知道公交车上能乘坐很多人，但只排放一辆车的尾气，大大减少了汽车出行的尾气排放量，所以远途可以选择乘坐公交车出行，有条件的也可以选择乘坐地铁、电车、用无铅汽油和低排量的汽车等方式出行）

（解析：多种出行方式的大讨论，增加了幼儿的知识点，拓展了幼儿的知识面，问题的提出也给了幼儿思考空间。）

（六）统计出行方式，巩固知识

教师张贴"低碳出行统计表"，让幼儿讨论后根据自己的实际情况设计第二天来幼儿园上学的低碳出行方式。（幼儿将自己手中的姓名牌贴到明天来园的低碳出行方式下。）

（解析：将学到的知识运用到实际生活中，让幼儿计划自己第二天的出行方式，这样给幼儿一个自主规划的空间，更可以检验幼儿对现实方式进行操作的能力。）

（七）与生活实际进行联系

引导幼儿知道低碳生活就在身边，鼓励幼儿树立低碳环保意识，寻找低碳环保的生活方式。（如节约用水、不乱扔果皮纸屑、不乱丢废旧电池、用节能灯等。）

（解析：活动的结束语将幼儿的低碳环保经验做一提升，将环保行为深入日常生活中。）

第四章　幼儿园数学教育课程开发研究

第一节　数学知识的特点

数学是对现实的一种抽象。1、2、3、4……这些数字，绝不是一些具体事物的名称，而是人类所创造的一个独特的符号系统。正如卡西尔（E. Cassirer）所言，"数学是一种普遍的符号语言——它与对事物的描述无关而只涉及对关系的一般表达"。也就是说，数学是对事物之间关系的一种抽象表达。

数学知识究其本质，是一种高度抽象化的逻辑知识，它所反映的不是客观事物本身所具有的特征或属性，而是事物之间的关系。因此，对数学知识的掌握绝不止于对知识的机械记忆，而是对于事物之间各种关系的理解，实际上是一种逻辑知识的获得。具体说来，数学知识具有以下三个特点。

一、抽象性特点

数学知识的突出特点就是高度概括和抽象的数量关系及空间形式。这种数量关系和空间形式既是从具体现实世界中抽取出来的，又区别于具体事物的"模式"，所以，数学是模式的科学。正如哲学家怀特海（Alfred North Whitehead）在《数学与善》一书中所说，数学在从模式化的个体作抽象的过程中对模式进行研究。例如，数字"5"这个简单的数字，可以表示5个人、5颗糖果，也可以表示5个苹果；"2＋3"这个式子可以表示2棵树加3棵树，也可以表示2个人加3个人。总之，它们舍弃了客观世界中各种具体的现象。只从数量上来考察，并抽象出"5"或"2＋3"这样一个数量关系。又如，"正方形"这样一个简单的图形，就可以代表正方形的画布、正方形的桌面、正方形的地板，它舍弃了种种具体的内容，抽象出正方形。

二、逻辑性特点

数学知识的另一特点是它的逻辑性。数学知识所反映的是事物之间的关系。当我们说一堆橘子的数量是"5个"的时候，并不能从其中任何一个橘子中看到数量"5"这一属性，因为"5"这一数量属性存在于它们的相互关系中——所有的橘子构成一个数量为"5"的整体。学前儿童要通过点数得出橘子的总数来，就需要协调一系列动作，具体说就是"点"的动作和"数"的动作之间的协调。首先，他必须使手点的动作与口数的动作——对应，即手口一致；其次，他口中数的数必须是有序的，数词与点到的物体——对应，即数物一致；最后，他还要将所有的动作合在一起，这样才能得到物体的总数。可以说数量概念的获得是对各种关系加以协调的结果。总之，数学知识反映的不是客观事物本身的特征，而是它们之间的关系。数学知识的逻辑性，决定了学前儿童学习数学知识不是一个简单的记忆过程，而是一个逻辑思考的过程。它必须依赖于各种既定逻辑关系的协调。这就是皮亚杰所说的反省抽象。

三、应用性特点

数学将具体的问题普遍化、抽象化为一个纯粹的数学问题，而对这个抽象问题的解决又具有实际的意义，有助于解决实际的问题。因此，数学具有两重属性，即抽象性和现实性（或应用性），这两者并不是对立的、矛盾的。恩格斯在其著作《反杜林论》中曾精辟、详尽地论述了数学的实践本质，而且指出了数学之所以具有应用性，正是因为它根植于现实世界并反映了现实世界的必然规律，这也证实了数学知识真理性的根源。例如，从多种不同的实体中抽象出正方形这样一个空间形式，并经过进一步探究得出如何求其周长和面积的方法，那么这个周长或面积的规律可应用于一切求具有正方形形状的物体的周长或面积的问题。

数学还是科学研究的重要工具。数学可以更精确地表达事物之间的联系和关系。在科学研究的过程中，我们可以借助数学这个工具，通过定量化的实验，精确地揭示自然界中事物之间的关系和联系。在科学技术日益发展的今天，数学的应用性也正得到越来越多的体现。

就学前儿童而言，数学也同样可以成为解决问题的有效工具。他们可以应用计数、运算等数学方法解决游戏和日常生活中的简单问题。

综上所述，学前儿童要能理解数学知识，必须摆脱具体事物的干扰，对其中的数学关系进行思考，从具体的事物中抽象出普遍的数学关系，进而在具体的问题情境中灵活地应用已掌握的数学知识。因此，数学知识的特点决定了学前儿童的数学学习内容必须具备系统性。学前儿童对数学知识的掌握是一个从具体到抽象，再从抽象到具体应用的过程，这一过程不仅要具备一定的逻辑观念，还要具备一定的抽象思维能力。

第二节　幼儿园数学教学活动设计理论

一、幼儿园数学教学活动设计的依据与原则

（一）幼儿园数学教学活动设计的依据

1. 幼儿园数学教育的目标

教育目标规定把受教育者培养成什么样人的问题，它是教学活动设计的出发点和主要依据。幼儿园数学教育目标规定了幼儿园数学教育活动的目的和要求。幼儿园数学教学每一层次的目标都包括认知、情感与态度和操作技能三个方面的要求。因此，纵横交错的数学教育目标体系可以为数学教学活动设计提供依据。具体讲，它指明了数学教学活动设计的方向，影响着数学教学活动的范围和数学教学活动设计的难易程度。

2. 幼儿身心发展的特点

教学设计不仅涉及对教育目标、教育理念的把握和理解，同时还涉及对教育对象发展水平的认识。由此，幼儿身心发展的特点也是幼儿园数学教学活动设计的又一重要依据。当然，这里的发展，既包括幼儿的数学基础和发展水平，也包括幼儿身体、认知、情感、个性、社会性等方面的整体发展水平和特点。只有充分了解幼儿身心发展的特点，才能在教学活动设计中做到有的放矢，制定出适宜的教育目标，选择合适的活动内容和范围，采用恰当的活动方式，使活动设计更加合理有效。

3. 幼儿园教学活动的性质

幼儿园教学活动是教师和幼儿的共同活动，是促进幼儿身心健康发展的师幼共同活动。维果斯基在其论文《学前教学与发展》中提出了"大纲"和"教学的大纲"两个概念，并依据二者在教学中的不同关系把教学分成自发型教学、反应型教学、自发—反应型教学三种类型。他

指出，学前教育阶段的教学属自发—反应型教学类型，而且应当更接近于自发型教学。

维果斯基认为，3 岁前幼儿的学习特点是，幼儿"按照自己的大纲进行学习"，母亲的教学大纲与幼儿自己的大纲相比，其作用是微不足道的。维果斯基将这类教学称为"自发型教学"。维果斯基指出，自发型教学是教学活动的一个极端现象，而教学的另一个极端现象是"反应型教学"。所谓反应型教学，就是幼儿自己的"大纲"与"教学的大纲"相比是微不足道的。例如，比较复杂的数学教学就是一种反应型教学，这类教学一般用于高年级、大年龄幼儿的学校教育。

而适合于 3～6 岁幼儿的教学方式则处于这两种类型的教学之间，所以维果斯基将这种教学称为"自发—反应型教学"。不过，维果斯基解释说，自发型教学和反应型教学在学前教育中不是固定地绑在一起的，两者的比重应当随着幼儿年龄的变化而发生变化，而且，从总体上讲，学前教育应当更侧重于自发型教学。尽管 3 岁以后的幼儿已有可能采用某种教学或教育的大纲，但是，"它在某种程度上仍然应当是幼儿自己的大纲"；学前教育是否成功，取决于"教师的大纲变成幼儿自己的大纲的程度"。维果斯基在《学前教学与发展》一文中反复强调了这一观念，他认为："这个'教学的'大纲也应该是幼儿自己的大纲，就是说，大纲实施的次序应符合幼儿情感丰富的特点，符合他的与一般概念相联系的思维特点。"著名心理学家克莱巴柔德在为皮亚杰的《儿童的语言与思维》一书所写的序言中指出："幼儿的心理是在两架不同的织布机上编织出来的，而这两架织布机好像是上下层安放着的。幼儿头几年最重要的工作是在下面一层完成的。这种工作是幼儿自己做的……这就是主观性、欲望、游戏和幻想层。相反，上面一层是一点一滴地在社会环境中构成的，幼儿的年龄越大，这种社会环境的影响就越大。这就是客观性、言语、逻辑观念层，总之，是现实层。"从这里可以看出，皮亚杰的研究揭示了幼儿心理世界是由两部分构成的，最原始、最基础的部分实际上就是通常所谓的无意识心理，而在此之上还有一个意识层。幼儿头几年的活动主要是在下面一层完成的。幼儿园教学应充分尊重并利用这一无意识层面，幼儿园教学应是自发—反应型的，且是以自发型为主的教学活动。

（二）幼儿园数学教育活动设计的原则

幼儿园数学教育活动设计的原则是指设计数学教育活动应遵循的基

本准则。

1. 发展性原则

原则要求教师在设计幼儿园数学教育活动时着眼于促进幼儿得到全面的发展。它包括两个方面的含义：一是数学教育活动的设计应适应幼儿的发展水平，考虑幼儿原有的基础，教育内容和教育要求应以幼儿身心发展的成熟程度与可接受水平为基础。维果斯基说，教师在教学时，应确定幼儿的两种发展水平："现有发展水平"和"最近发展区"，以保证教学建立在"最近发展区"的基础之上，使教学走在幼儿发展的前面，从而更好地促进幼儿健康地发展。二是数学教育活动设计应以促进幼儿的发展为落脚点，即促进幼儿在认知、情感与态度、操作技能等方面健康、全面地发展。

2. 系列性原则

系列性原则是指在设计数学教育活动时应遵循数学知识自身的逻辑性、系统性，体现出教学内容的循序渐进性。苏联著名教育家克鲁普斯卡娅曾说过："数学知识好比链条，掉了一小环，下面的内容就不懂了……"因此，在设计活动时，必须考虑数学概念的等级顺序，遵循学科逻辑。

同时，幼儿数学概念的形成过程要经历一个从动作表征到形象表征再到符号表征的过程，因此，数学活动设计还应遵循幼儿身心发展的规律，从而确保学科结构和幼儿的内在认知结构的一致性。

3. 科学性原则

所谓科学性原则是指数学活动设计的内容和采用的方法必须是科学的、合理有效的。

（1）内容的科学

①数学语言要措辞严谨、规范。例如，"皮球是圆形的""比比哪条线大？"就是不严谨的表述，"3 朵花、3 支花和 3 束花"的含义是不同的，也不能混淆。

②数学活动内容要符合实际。一方面，现代孩子接触的事物和信息非常多和丰富，因此，在进行数学教育活动设计时，绝不能仅用小猫、小狗、苹果、梨子等作为数学认知的对象。另一方面，在数学问题的表述上也要符合实际。例如，一道口述应用题："计算机厂昨天生产 1 台计算机，今天生产 2 台计算机，问两天共生产几台计算机？"一个厂家两天仅生产 3 台计算机显然不符合实际。

（2）方法的科学

①根据内容的性质选择相应的方法。例如，对于学习新知识和复习旧知识在方法使用上应是不同的，如复习旧知识时，操作法、归纳法、讨论法、游戏法等比较适合，而讲解演示法就不行。

②根据幼儿的年龄特点选择相应的方法。动手操作、亲自体验是幼儿获取经验的主要途径。例如，美国学者纽勒说："数学对幼儿而言是一个动词，是小朋友在做东西，在从事一项活动。"可见，操作法是对幼儿进行数学教育的最好方法。但对于不同年龄班的孩子，在使用上要有区别，如对小班的孩子，操作中，教师可干预多一些；对大班的孩子，则应多鼓励其自己探索、归纳和总结，教师干预应相对较少。

4. 互动性原则

互动性原则是指在数学活动设计时应注意教师、环境与幼儿之间相互作用的机会与条件。它包括教师与幼儿的互动关系，也包括环境和幼儿的互动关系。

数学教育活动中根据教师的主导性和幼儿的主体性的发挥程度，可以分成三种互动方式。第一种是指导性互动，即教师参与成分比较多，指导性互动有比较明显的互动关系。第二种是引导性互动，即教师参与活动的成分相对较少，给幼儿较多的自由操作、探索的机会。第三种是通过中介因素（环境与材料）参与的互动，即教师和幼儿在活动中不直接发生交互作用，而是通过一个中介来传递教育信息，指导和影响幼儿的活动。

在幼儿园数学教学中，教师应尽可能应用引导性互动，因为教师干预过多会影响幼儿主体性的发挥，还应根据幼儿的需要，积极创设活动环境，构建幼儿与环境之间的互动关系。

第三节　幼儿园数学教育课程活动设计与指导

【活动设计1】搭楼房

【活动来源】

随着城市建设的发展，幼儿园周围新建的楼房越来越多。在自由活动时，孩子们喜欢三五成群地在一起谈论幼儿园周围的高楼，他们不时地比画着楼房的外形，议论着哪个楼房更高、哪个形状更好看。因此，这是一个既源于幼儿生活经验，幼儿又感兴趣而且蕴含教育价值的学习内容，于是可以开展有关"房屋"的主题活动并生成了其中一个数学活动——"搭楼房"。

【活动目标】

1. 会用点数的方法从不同的方向确定 10 以内物体的排列顺序，能正确运用序数词表示楼房的层数和栋数。

2. 乐意与同伴合作拼搭楼房并能感受活动的乐趣。

【活动重点】

能从不同的方向确定物体的排列顺序。

【活动难点】

能有序地为楼房贴上数字。

【活动准备】

1. 教具：中型积塑若干、1～10 数字卡片、小动物卡片、场地布置（用泡沫垫铺在教室中间作为地基）。

2. 学具：空白小卡若干、彩笔、糨糊、擦布。

【活动过程】

1. 导入

师：小朋友，你知道你们家住在几楼吗？（让幼儿说出自己家的楼层。）

2. 操作活动，引导幼儿给小动物搭楼房

师：看到这么多的新房子，森林里的小动物们说它们也想住新房子了，小朋友能不能为它们设计和修建新房子呢？

（1）幼儿自由组合，利用提供的材料为小动物设计并搭建楼房。教师巡回观察并引导幼儿说出楼房有几层，请幼儿指出第几层在哪里，了解幼儿是否会用点数的方法确定物体的顺序，是否会使用序数词"第几"，是否能区别基数与序数。

（2）师：怎么能让小动物们很快地找到它住的第几层楼呢？（启发幼儿自己写数字表示楼房的层数并为每层楼贴上数字。）

（3）建构动物小区。教师引导幼儿将自己搭建的房子集中在一起形成错落有致的动物小区。

师：动物小区修好了，我们就要请小动物们搬新家了。可是小区里有许多栋楼房，小动物们怎么知道自己住在哪一栋呢？（启发幼儿为小区的每一栋楼编上序号。）

幼儿自由商量如何将拼搭好的楼房用数字表示，从哪个方向开始数。商量好以后幼儿为每一栋楼编上序号。

师：小区一共有几栋楼房？××小朋友，你修的楼房是第几栋？从哪边数的？你搭建的房子有几层？

3. 送小动物回家

师：小区修建好了，我们把小动物们送回新家吧。

幼儿按动物卡片上的栋数和层数将小动物送到相应的位置，教师巡回观察，检查幼儿是否送对。

【活动反思】

通过开展本次活动，可以感受到，由于本次活动的目标拟定符合幼儿的年龄特点和实际水平，活动内容源于幼儿的生活，符合幼儿的兴趣和需要，而且活动材料的提供又是幼儿喜欢和熟悉的，便于幼儿操作和直接感受，因此，整个活动中，幼儿都保持着积极的探究状态。

本次活动为幼儿创设了一个宽松自由的氛围，引导幼儿主动学习、合作学习，使幼儿真正体验到了玩中学数学的乐趣，并能把自己学习的数学知识运用到生活当中。

【活动评析】

活动最大的特点是在教师引导下幼儿进行主动学习。整个活动没有教师的讲解示范，没有幼儿的机械操作，而是随着幼儿为小动物搭建楼房的活动进程自然而然地发现问题、提出问题、解决问题。活动情境设计源于幼儿的生活，源于幼儿的经验，源于幼儿的关注点，自然流畅。活动过程中教师能尊重、照顾幼儿的个别差异，例如，有的幼儿建了7、8层楼，有的幼儿建了14、15层楼，只要幼儿能用数数的方法确定楼层的顺序，教师都予以肯定。美中不足的是幼儿在为自己搭建的楼房贴上数字时采取的策略不同，如有的幼儿先写出1～10的数字，然后依次贴在搭建的楼房上；有的幼儿随意写出一个数字，然后用数数的方法贴在相应的楼层上；还有的幼儿写一个数字，数一次，贴一次；等等，但教师对这一细节未予以足够的重视，错失了突破难点、再一次提升幼儿的经验、挖掘教育价值、将教育活动推向高潮的机会。

【活动设计2】有趣的数字城

【活动来源】

数字是幼儿对抽象事物认识的开始，作为实际意义的表征，幼儿在学习中离不开直观教具和动手操作的辅助。将这种形式枯燥的内容转换成生动有趣、操作性强的教学活动，使幼儿在游戏中享受"润物细无声"的教育，是教师教学探索的一个重要方面。

【活动目标】

1. 认识数字"6"，理解"6"的实际意义。

2. 鼓励幼儿积极参与游戏，正确使用、整理操作材料。

3. 学习讲述自己的操作过程和结果。

【活动准备】

1. 大数卡1、2、3、4、5、6各一张，数码箱人手一个（用废旧茶叶盒包装，两面贴圆点，上面有一个插钥匙的小口），钥匙若干（用硬卡纸做），瓶子人手一个（瓶身上贴有动物，瓶盖上有数字），豆子每桌一小盒，6只口哨卡片。

2. 几间用积木搭的房子，每间房门上贴一个6以内的数字。

【活动过程】

1. 我们一起开火车到数字城去旅游，准备

师：嘿嘿，我的火车几点开？（出示数卡"5"）

幼：嘿嘿，你的火车5点开。

师：嘿嘿，先上几位小客人？（出示数卡"3"）

幼：嘿嘿，先上3位小客人。依次上完。

2. 开火车到数字城

（1）认识数字"6"。

数字城派一位数字朋友欢迎大家，看看是几？（出示数卡"5"）数字"5"说，欢迎大家到数字城，请大家坐下来。听说来了许多小朋友，数字城又有朋友来看大家。（出示6只口哨卡片）认识"6"，像什么？可以表示什么？

（2）到了数字城，就要玩数字游戏。

①看数字拍手。②看数字学兔跳。③看到6蹲下来。

3. 给数码箱找钥匙

数字城里数码箱上的钥匙拉乱了，想请大家帮忙给数码箱找钥匙。每人一个数码箱，三把钥匙，数码箱的两面都有圆点，钥匙的两面都有数字，一个数码箱只有一把钥匙可以打开，将配套的钥匙插入数码箱的钥匙口。请幼儿讲述自己找钥匙的结果。

4. 帮豆宝宝搬家

数字城为了感谢大家帮忙给数码箱找到了配套钥匙，送给每位小朋友一个瓶子作礼物。瓶子上有小动物，豆宝宝看见了，心里可喜欢了，

也想住在动物瓶里。我们一起帮豆宝宝搬家，瓶子上有几只小动物，就住几个豆宝宝，不能多住，也不能少住。豆宝宝在里面好开心，但不知道住的是几号瓶，我们看清房间号帮它关上房门（有几个豆宝宝，就盖上贴有相应数字的瓶盖）。请个别幼儿讲述操作过程和结果。

5. 找房间

天黑了，我们要在数字城住下来，这有几间房子，看看是几号房？房间号是几，就只能住几位小朋友。住进去后可请小朋友自己数数验证一下。

天亮了，小朋友该回家了，我们坐汽车回去。（放音乐）

【活动反思】

首先，本活动从目标制定到活动设计都符合幼儿的年龄特点。在开火车到数字城旅游、玩数字游戏、给数字城的数码箱找匹配的钥匙、帮豆宝宝搬家等一系列游戏活动中，孩子们如同过关斩将，经过自己的努力，完成了数字城的"任务"，也达到了教学目标。

其次，活动中盒子两面都有圆点，钥匙两面都有数字，对个别幼儿来说难度较大，数码箱的圆点及钥匙上的数字可设计成有两面的，也有一面的，这样既可兼顾群体需要，又能满足个体差异。

另外，给豆宝宝搬家，也可设计成搬家—关门—贴房间号。这对幼儿来讲又增加了难度，所以要根据幼儿发展水平而定。

【活动评析】

整个活动都是以游戏的形式串联起来的，让幼儿通过游戏及动手、动脑、亲自操作去感知、体验、理解、建构知识，充分调动幼儿的学习积极性。因此，活动的设计体现了教师的新知识观，符合现代幼儿的教育理念，即情境化、过程化、活动化的特征，注重动态的活动（而非静态知识），注重建构知识（而非掌握知识）。

教具、材料的准备丰富但不昂贵，注重利用废旧材料和当地自然资源。例如，数码箱是用纸盒（茶叶盒、药品盒、月饼盒等）包装成的，钥匙是用废纸盒剪的，动物瓶是收集的果酱瓶或饮料瓶，稍一包装、加工就很精致。

第五章　幼儿园音乐教育课程开发研究

第一节　幼儿园音乐教育活动概述

一、幼儿音乐、幼儿园音乐教育的概念分析

（一）幼儿音乐的概念

音乐是通过有组织的音响运动，创造音乐形象，表现感情思想，反映社会生活的艺术形式，它有自己独特的表现方式和意义，主要通过人类的听觉系统来表现和传达信息，能够表现和传达文字和视觉艺术等不能传递的感情、思想和心智，因此，又称为听觉艺术。音乐是人类社会最早产生的也是人类生活中必不可少的一种艺术形式，音乐教育与人的发展问题是音乐教育领域最基本的问题。音乐作为艺术不是独立的，音乐的学习不只是对音高、节奏、旋律的掌握，而是一个获取更多领域知识的综合性学习过程，可以充分发展儿童的理解力、想象力和创造力，可以让儿童了解知识、技能、情感和感官之间的交互关系，最终达到教育的目的。

幼儿音乐是带有明显对象性的音乐，是指反映 0～6 岁幼儿的生活和表达他们思想情感的艺术，体现了幼儿对音乐的感受、理解、表现和创造以及他们对周围世界的认知和情感。热爱音乐是幼儿的天性。幼儿满怀好奇和探究的心理来到这个世界，展现在他们面前的是五彩缤纷的、图案和丰富多变的音响。美丽、鲜艳的色彩可以满足幼儿视觉的需要，而优美动听、欢快活泼的音乐能满足他们的听觉需要。幼儿音乐通过不同的形式给幼儿愉悦的感受。在幼儿的生活中多一些优美动听的声音，让生活充满音乐，幼儿每天都能接触音乐，慢慢地，幼儿的音乐潜能就能得到激发。

（二）幼儿园音乐教育的概念及特点

幼儿园音乐教育是指教师有组织、有目的、有计划地通过音乐学科本身的情感性、感染性、愉悦性的特点来引发幼儿的情感体验，从而让幼儿获得审美的感受的活动。由于幼儿天性活泼好动，要求教育内容有更强的形象性、情感性，这种需求是由幼儿生理和心理发展的特殊性决定的，因此，幼儿园音乐教育的内容、手段和形式更贴近幼儿的天性，呈现以下特点。

1. 想象性与创造性

音乐是对现实生活的反映，它通过想象性和创造性的艺术形象来反映自然界和社会生活。音乐虽然是流动的、非视觉的、依靠听觉来感知的，但可以通过联想、表象、想象，甚至创造等活动来构成有思想情感的、有审美价值的内容。3～6 岁幼儿的思维主要是依赖于对具体形象事物的联想及对事物表象的拟人化想象而进行的。在幼儿音乐作品中，无论是歌曲、还是器乐曲，无不有鲜明的音乐形象，并通过这些形象反映幼儿所熟悉的生活、事物。幼儿通过对音乐的联想产生生动的形象、栩栩如生的音乐画面，从而感知、理解具体的事物形态。在呈现音乐的过程中，图片的展示、语言的讲解、动作的表演等外在形式帮助幼儿展开丰富的想象和联想，从而领略、体验到音乐的意境。

2. 趣味性与游戏性

游戏是幼儿教育的基本方法，利用音乐的娱乐性引导幼儿在玩中学，在乐中学，把音乐教育寓于愉快的音乐感受和音乐表现之中，把"乐""趣"作为对幼儿进行音乐能力培养及整体发展和教育的有效手段，可以更好地促进幼儿形成活泼开朗的特性以及积极向上、主动探索的精神。

幼儿音乐教育的趣味性、游戏性体现在内容、形式和方法上。幼儿园音乐教育的内容有歌唱、韵律活动、打击乐演奏、音乐欣赏活动等。音乐作品节奏鲜明、歌词富有童趣，还有许多的游戏，幼儿在听听、唱唱、跳跳、动动、玩玩的过程中获得愉快的情绪情感体验。

3. 表现性和感染性

音乐艺术的美不仅是具体、形象的，而且还具有很强的感染力，以情动人、以情感人、以情娱人是音乐艺术的魅力所在，音乐的感染力不仅表现在内容上，也不单纯表现在形式上，而是从内容和形式的统一中体现出来的。幼儿在接触音乐作品、学习音乐的过程中，通过感知音乐作品的艺术美，在情感上产生共鸣，从而形成对音乐作品及事物的是非、善恶、美丑初步的鉴赏和辨别能力。因此，让幼儿多参加各类富有感染力、情绪性的音乐活动，不仅能使幼儿的积极情绪逐步丰富、深刻起来，又能对幼儿的思想意识、道德行为、情绪体验、个性特征等方面产生潜移默化的影响。感染性也是音乐教育的特殊性之一。

4. 技能性和综合性

音乐是一门艺术，任何艺术都有与之相匹配的技术，早期音乐启蒙教育虽然不是为培养专业音乐人才打基础，但是，基本的技能技巧也是幼儿必须具备的音乐能力。技能性是幼儿园音乐教育区别于其他学科教育的显著特征之一。因此，作为教师，需要运用一定的音乐技能技巧去启发儿童，为儿童示范、演奏，带领并指导儿童学习；儿童学习音乐、探索音乐必须有一定的音乐技能技巧作为基础，有了这些基本的音乐表达能力，儿童才能在听、唱、跳、奏等各种音乐教育活动中大胆地表现，积极地探索和创造。

综合性是指幼儿园音乐教育是在形式、过程、方法上的综合。音乐教育活动常常是歌、舞、乐、游戏等多种形式的融合，创作、表演、欣赏三位一体，示范法、语言讲解法、练习法、引导探索法等多种方法灵活变化，共同应用于幼儿音乐活动的实践之中。

二、幼儿园音乐教育的目标

（一）幼儿园音乐教育的总目标

1. 《幼儿园教育指导纲要（试行）》（以下简称《纲要》）中的音乐领域目标

音乐教育在教育部 2001 年 7 月颁布的《纲要》中，被明确列为幼儿园教育内容的五大领域之一——艺术的组成部分。《纲要》规定的音乐领域的目标如下：

（1）能初步感受并喜爱环境、生活和艺术中的美。

（2）喜欢参加艺术活动，并能大胆地表现自己的情感和体验。

（3）能用自己喜欢的方式进行艺术表现活动。

2. 《3～6 岁儿童学习与发展指南》（以下简称《指南》）中的音乐领域目标

（1）感受与欣赏目标，见表 5-1。

表 5-1　感受与欣赏目标分析

目标	3～4 岁	4～5 岁	5～6 岁
喜欢自然界与生活中美的事物	容易被自然界中的鸟鸣、风声、雨声等好听的声音所吸引	喜欢倾听各种好听的声音，感知声音的高低、长短、强弱等变化	乐于模仿自然界和生活环境中有特点的声音，并产生相应的联想
喜欢欣赏多种多样的艺术形式和作品	1. 喜欢听音乐或观看舞蹈、戏剧等表演。 2. 乐于观看绘画、泥塑或其他艺术形式的作品	1. 能够专心地观看自己喜欢的文艺演出或艺术品，有模仿和参与的愿望。 2. 欣赏艺术作品时会产生相应的联想和情绪反应	1. 欣赏艺术时常常用表情、动作、语言等方式表达自己的理解。 2. 愿意和别人分享、交流自己喜爱的艺术作品和美感体验

（2）表现与创造目标，见表 5-2。

表 5-2　表现与创造目标分析

目标	3～4 岁	4～5 岁	5～6 岁
喜欢进行艺术活动并大胆表现	经常自哼自唱或模仿有趣的动作、表情和声调	经常唱唱跳跳，愿意参加歌唱、律动、舞蹈、表演等活动	1. 积极参与艺术活动，有自己比较喜欢的活动形式。 2. 能用多种工具、材料或不同的表现手法表达自己的感受和想象。 3. 艺术活动中能与他人相互配合，也能独立表现
具有初步的艺术表现与创造能力	1. 能模仿学唱短小歌曲。 2. 能跟随熟悉的音乐做身体动作。 3. 能用声音、动作、姿态模拟自然界的事物和生活情景	1. 能用自然的、音量适中的声音基本准确地唱歌。 2. 能通过即兴哼唱、即兴表演或给熟悉的歌曲编词来表达自己的心情。 3. 能用拍手、踏脚等身体动作或可敲击的物品敲打节拍和基本节奏	1. 能用基本准确的节奏和音调唱歌。 2. 能用律动或简单的舞蹈动作表现自己的情绪或自然界的情景。 3. 能自编自演故事，并为表演选择和搭配简单的服饰、道具或布景

（二）幼儿园音乐教育活动目标的结构

根据《纲要》以及《指南》中艺术领域的目标，以及我国幼儿音乐教育的实践，我们把幼儿音乐教育的目标分为认知目标、情感目标、技能目标。

1. 认知目标

认知目标表述的是幼儿音乐教育中各种有关的音乐知识，以及认识能力方面的发展要求。例如，"能正确地感知和理解歌曲中歌词和曲调所表达的内容、情感"；"能认识并辨别各种常用打击乐器及音色特点"等。

2. 情感与态度目标

情感与态度目标包括在幼儿音乐教育中幼儿情感的体验和表达能力的发展，以及对音乐活动的兴趣和爱好的发展。例如，"乐意参与音乐欣赏活动，体验并享受音乐欣赏过程的快乐"，"喜欢操弄打击乐器，喜欢参加集体的打击乐演奏活动"等。

3. 操作技能目标

操作技能目标是指在幼儿音乐教育中幼儿运用身体动作进行音乐体验和表达的技能。例如，"能够较自如地运用身体动作进行简单的随乐动作表演"，"能够掌握一些最基本、最初步的歌唱技能"等。

三、幼儿园音乐教育活动的价值

（一）音乐教育对幼儿身体发展的价值

1. 促进大脑发育

音乐教育能促进幼儿大脑两半球机能的发展。人的大脑左右两半球的功能有一定的分工。大脑左半球掌管语言学习、数字理解、概念构成、时间连续性感受以及分析性思维活动等。大脑右半球则掌管音乐、图形感知、面孔识别、空间知觉、距离判断以及综合型思维活动。音乐、美术等以发展形象感知、思维能力为主的活动领域，能使幼儿大脑的潜力得到应有的开发，最优发挥整个大脑的工作能力。

2. 提高运动能力

幼儿期是人身体发展最迅速的阶段之一，运动对于处在这一时期中的幼儿有着特别重要的意义。与身体运动联系紧密的音乐活动也具有其特殊的价值。在各种伴随音乐进行的动作表演和乐器演奏活动中，幼儿可锻炼身体各相应部分的大小肌肉、骨骼和韧带，提高神经系统反应的速度和协调能力，增强心肺等器官的耐受力。经常参加韵律活动的幼儿，更有可能获得健美的体形、端正的姿态和良好的发育。歌唱活动对发音器官、共鸣器官和呼吸器官的发育起到一定的促进作用。因此，可以有意识地利用音乐教育活动来促进幼儿的身体发展，提高他们的身体运动能力。

3. 增进身体健康

音乐教育活动与幼儿身体健康的另一种联系渠道是：科学的音乐教育活动可以给幼儿提供更多获得积极情绪体验的机会。而积极的情绪体验不仅是保证幼儿心理健康的重要基础，也是维护、增进身体健康的重要条件。因此，应该充分发挥音乐的作用，更好地促进幼儿身心和谐发展，提高他们的身体健康水平。

（二）音乐教育对幼儿认知发展的价值

1. 促进幼儿感知能力的发展

音乐是一种听觉艺术。音乐活动主要是借助听觉器官来进行的，幼儿阶段是听觉能力发展最迅速的阶段。众多的研究表明，学前期是培养听觉能力的最佳期，应及早地、更多地为幼儿提供参与各种音乐活动的机会和环境，并有意识地引导幼儿进行听觉的感知和分辨活动。

2. 促进幼儿记忆能力的发展

音乐是在时间持续过程中展开其形象的，因此，音乐记忆能力直接影响个人感知音乐形象的能力。任何音乐的表演、欣赏或创作活动，都不可能脱离对音乐表象的记忆、再认和再现。一个人只有在能够对音乐进行记忆的基础上，才可能追踪音乐的发展，对音乐的形象进行审美感知。同时，音乐表演和音乐创作活动，也都不可能脱离对音乐表现的记忆、再认和再现。幼儿的音乐学习和体验能增强他们记忆表象的能力。

3. 促进幼儿想象、联想、思维能力的发展

音乐教育对幼儿认知发展的促进作用还表现在其能发展幼儿的想象、联想和思维能力。正如音乐活动离不开记忆表象一样，音乐活动也往往离不开想象和联想，它是幼儿沉浸于音乐活动之中并获得快乐的重要表现之一。幼儿对音乐的感知、理解带有明显的直观性、形象性，幼儿的音乐思维方式是以一种外化的、直觉的、整体的、形象的把握方式为主的。但音乐思维本身有形象思维，又有抽象思维，因此，教师有必要在音乐教育的活动中利用一切机会和手段来帮助儿童加深对音乐与音

乐之间、音乐的整体与部分之间、音乐与其表现的客观事物之间、音乐与主体的感知体验之间关系的把握和理解，逐渐建立起音乐抽象概念。

4. 促进语言发展

一首好的歌曲往往又是一首好的诗歌。幼儿在大量接触优秀歌曲和有节奏的诗歌朗诵的过程中，不仅积累了音乐语汇，而且也扩大了词汇的积累，增加了对文学语言的理解和运用能力。语言学习也是一种听辨、记忆、再现声音符号的学习。教师在教儿童唱歌时，要求幼儿坚持正确地咬音吐字，会帮助幼儿养成口齿清楚的语言表达习惯。此外，音乐语言与口头语言同样具有高低、强弱、快慢、声色变化等表情因素，在音乐活动中教师有许多机会促进幼儿认识这些表情因素，这对提高幼儿的口语表达能力大有帮助。

音乐和语言都有节奏、句子，都有音调起伏，也都有韵和重复。经常听音乐可使幼儿的听觉更加敏感，学习歌唱还能够在喉部形成一种肌肉运动的模式，这对说话能力也会起到积极的影响作用。

（三）音乐教育对幼儿情感意志发展的价值

1. 促进幼儿的情感发展

所谓情感，是指人的社会需要是否得到满足而产生的体验。它虽然无影无形、捉摸不定，但却伴随着人的认知活动而产生，同时又对认知的发展起推动或阻碍作用，因此，培养积极情感是教育的重要任务之一。音乐是通过旋律、音响等手段来表现人类最为细腻的心理活动和感情波动的艺术。音乐艺术的最大特点在于以情动人、以情感人，音乐就是情感，没有情感就没有音乐。因此，通过音乐教育促进幼儿情感的发展，就成为音乐本身应有的题中之义。

学前期的幼儿正处于个人情感由低级向高级逐步发展的重要阶段。随着幼儿社会交往活动的日益增加，情感体验的日趋丰富及逐渐细腻，富有情感性的音乐活动已逐渐成为促进幼儿情感发展的有效手段之一。音乐既能够帮助幼儿明确建构自己的感情，也能帮助幼儿与其他人进行感情沟通。一部好的音乐作品，一次成功的音乐教育活动，都能使幼儿产生对音乐的情感共鸣，培养和激发起幼儿良好的情绪情感。例如，幼儿学了歌曲《我的好妈妈》后，激起对妈妈的热爱。此外，在音乐教育活动中，幼儿能广泛接触到表现不同情感、内容的音乐，由此他们的情感世界会逐渐变得丰富而充实。

2. 促进幼儿的意志发展

意志是人根据一定的目的对自己的行为进行激发、维持、抑制等调节的一种心理过程。音乐教育也具有促进幼儿意志品质发展的潜力。这是因为，音乐教育活动是一种有目的、有计划的实践活动，无论是学习歌唱还是乐器演奏，都需要有一定的音乐技能的掌握。对于幼儿来说，没有坚持不懈的刻苦精神和克服困难的勇气、意志，是无法达到一定目标的。另外，音乐教育是一种情感参与的活动，幼儿作为一个个体，不仅需要调控自己的行为配合音乐，而且还要协调自己与他人之间的关系，这样才能达到和谐统一。

（四）音乐教育对幼儿个性发展的价值

所谓个性，是指区别于他人的稳定的、独特的、整体的特性。个性化作为幼儿人格发展过程的一个侧面，是个体在生理上、心理上获得独立的过程，即自我确立、自我形成的过程。它强调的是个体的需要、特征、独特的权力、个人发展、自我实现、个体在世界上的唯一性等等。

1. 促进个性意识倾向性的发展

音乐教育活动对幼儿个性发展的促进作用首先表现为能促进幼儿积极的个性意识倾向性的发展。在音乐学习活动中，幼儿不仅获得了认知、情感和音乐操作技能等方面的有效发展，获得了快乐的体验，而且初步养成了对人和事物的积极态度。而这种积极态度、探究精神、创造精神及自信心等在适当的条件下又是发展积极人生态度的重要基础。

2. 促进自我意识的发展

音乐教育对幼儿个性发展的作用还表现为能促进幼儿自我意识的发展。所谓自我意识，是指个体对自己存在的感觉，即自己认识自己的一切，包括生理状况、心理特征以及与他人的关系等。在音乐教育活动过程中，幼儿对音乐的感受和表现正需要幼儿有意识地认识到自己的活动状况，有意识地调控自己的身体动作和活动与音乐协调一致。

（五）音乐教育对幼儿社会性发展的价值

幼儿的社会性是其在与周围人群的交往中发展起来的。音乐的重要功能之一就是提供幼儿人际交往的机会，满足他们的交往需要。成人与幼儿、幼儿与幼儿之间的音乐交往，可以给幼儿提供大量的交往机会和经验。音乐活动是一种有秩序的社会活动，它要求参加者学会按照一定的规则来活动，同时也要求参加者明确认识并自觉担负起一定的社会责任。音乐本身内在的节奏和韵律、合奏中各声部间的配合及律动、舞蹈中动作的编排、音乐游戏的规则等，都能使幼儿在一种愉快的、"不强迫"的形式下养成自愿遵守规则的习惯，从而培养幼儿形成自律、有责任感和自我激励的意识，而这些正是幼儿将来进入有秩序的社会交往活动所必须具备的基本品质。

第二节　幼儿园音乐游戏课程的开发与设计

一、幼儿园音乐游戏的概念

根据 2001 年教育部颁布的《幼儿园教育指导纲要（试行）》规定的教育内容，幼儿教育游戏按照教学内容分类分为健康、科学、社会、语言、艺术等 5 大类。其中艺术目标是指丰富幼儿的情感，培养初步的感受美、表现美的情趣和能力，如乐器认知、声响音乐、戏剧表演等。伽达默尔通过分析游戏的重要特征认为游戏活动的主体就是游戏本身。有学者提到"在康德那里，游戏只是艺术的初阶；在席勒那里，游戏基本与艺术同义；而在伽达默尔那里，游戏成了艺术的基本结构"。在幼儿园音乐教学中运用游戏的手段，儿童既能够获得探索和发现客观知识和规律的体验，同时能够获得欣赏美的事物的体验。

幼儿园音乐游戏就是指在幼儿园音乐中，围绕幼儿需要了解和掌握的音乐学习相关知识，以及幼儿生理、心理特点，以音乐游戏为活动形式而展开的音乐教学内容。实际上，幼儿园音乐游戏就是幼儿园音乐教学游戏化实践的理论概括。

音乐是情感的艺术，能够直接地抒发内心情感，音乐教育作为情感教育的一个重要内容，具有情感性、愉悦性、创造性、技艺性等特点。体验、鉴赏、评价、理解音乐能够使幼儿产生共鸣，唤起幼儿的学习兴趣，发展幼儿的创造性思维能力，提高幼儿的音乐审美能力。在幼儿园音乐教育中，教师也应当了解和把握音乐学科的特征和属性，以幼儿的发展为目的进行发展性教学评价，以一种相对的评价标准，更多地关注幼儿学习的动态过程，而非静态的结果，从而反映出幼儿自身纵向的进步和发展趋势。

二、音乐游戏的特点

音乐游戏是在音乐的伴随下进行的游戏活动。它是一种比较特殊的韵律活动，同时也是以发展学前儿童的音乐能力为目标的一种游戏活动。其特殊性主要表现在游戏和音乐的相互关系上。在音乐游戏中，音乐和游戏是相互促进、相辅相成的。游戏规则促进和制约着游戏活动，而游戏动作又能帮助儿童更具体、形象地感受和理解音乐，获得一定的情绪情感体验。因此，音乐游戏是深受儿童喜欢的一种音乐活动。

音乐游戏是一种有规则的游戏，它具有突出的教育作用，集中体现音乐的艺术性、技能性与儿童的年龄特点和发展水平之间的对立统一。它把丰富的教育要求以生动有趣的游戏形式表现出来，使儿童在乐此不疲的游戏和玩耍中既掌握了一定的音乐知识和技能，也在不知不觉中接受了品德教育和审美教育。同时，在愉快而自由的游戏活动中，儿童还获得了更多积极情绪情感的享受和体验，进一步促进了其对音乐活动的稳定兴趣及其积极、主动个性的形成。

音乐游戏是儿童需要的，是幼儿音乐教育不可缺少的，是激发儿童情感、使儿童获得快乐的重要途径。音乐游戏不仅能使幼儿音乐能力得到发展，也是培养和塑造幼儿智商和情商的无价良方。喜爱游戏是孩子的天性，也是幼儿与周围环境相互作用的基本形式。音乐游戏根据幼儿对游戏的基本需求，为幼儿的音乐学习提供丰富的背景，使幼儿学会在游戏中学习，在学习中游戏，为幼儿学习音乐创设自由、灵活、有趣的学习环境，使幼儿在快乐的游戏中感知音乐，充分体验学习音乐的快乐。

三、幼儿园音乐课程游戏化方式的探索

（一）对歌词进行表演及角色扮演游戏

表演游戏指将音乐歌词中所表达的内容进行直译后，让幼儿将之以游戏的形式进行表演。例如，在学习《谁饿了》时，可以让幼儿模仿歌词中小狗、小狼的动作，并将"肚子饿得咕咕叫""看见了骨头""吃掉了"和"找不着"等这几种状态表演出来。在这一过程中，幼儿不仅学会了歌词和演唱这首歌，更通过游戏这一形式，增强了参与性。但同时，游戏表演并不等于只是直接将歌词表现出来，对幼儿所扮演的角色状态和身体活动等，都应进行一番揣摩，不能只是形式上的模仿游戏，还需融合内容，进行角色扮演。例如，当幼儿在扮演《谁饿了》中的小狗时，可以在前两节没有歌词的拍子中加入一些动作，按照节拍来模仿小狗走路。又如，组织全班幼儿在负责表演的幼儿随着节拍表演到演唱

部分时，全体合唱，并给每一名幼儿安排一个角色，如森林里的各种小动物，在遇到大灰狼时，全部蹲下躲避，不让大灰狼给"吃掉了"。在大灰狼离开后，小动物们重新开始在森林里活动。在这一过程中，幼儿们不仅学会了这一首歌曲，还参与了整个游戏过程，在一种欢快的氛围中进行教学活动。同时，表演游戏对幼儿的节拍掌握能力、角色扮演能力以及模仿能力都具有一定的锻炼作用。

在表演游戏中，角色扮演一直占据着大量的游戏份额。在音乐课程教学中，可以运用角色扮演方式，让幼儿随着音乐，完全进入音乐故事世界中，想象自己就是音乐故事里的主人翁，通过这一方式来理解和学习歌曲。例如，在学习《小老鼠打电话》时，可以让幼儿分别扮演其中的"小老鼠"和它的朋友们。小老鼠打电话的动作、语气、神态，以及和朋友的对话，都需要结合音乐的节拍表现出来。幼儿们觉得是在游戏，投入性大，获得的知识相对更多。幼儿在教师的引导下，逐层、逐步地进行，在玩中学习，在游戏里学会唱歌，学习音乐知识和课程内容。将音乐课程游戏化，可减少教学过程的枯燥性，提升幼儿的学习兴趣和参与度，以达到更为优质的教学效果。

（二）将情境设置带入音乐课程游戏中

情境的营造能让幼儿快速地融入课程内容之中，对幼儿心理情境营造起到良好的促进作用。在这一良好氛围与背景下，幼儿自觉成为课程游戏活动的主体。教师先根据课程要求，通过对课堂环境的布置、故事的铺垫、角色特征的讲解与交流，为幼儿创造易于接受和利于创作的优质环境，在此种环境下，再对幼儿进行音乐心理情境的创设。幼儿在学习和倾听歌曲时，自觉进入美妙的歌曲环境之中，体验和体会各种情感与情绪的表达，提升对音乐的感受力和鉴赏能力。在情境创设成功后，并不需要过多的言语表达，即可让幼儿融入音乐当中，进行音乐课程教学，并能达到良好的教学效果。

例如，在学习《摇篮》一曲时，这首歌曲本身极富情感渲染性，教师在教学时，可以先通过认图识字的游戏来让幼儿理解歌词（如情感类的词语和角色），也可让幼儿通过回忆和实际体会来认识"吹""翻"和"飘"。在幼儿理解歌词意思后，通过一定的实际环境与情境创设，为幼儿建立一种心理情境。"妈妈在哄我们睡觉的时候，是不是也为我们唱过摇篮曲""谁记得唱的是什么"，通过此类问题，幼儿被带入了每晚睡前和父母的歌曲互动中，不知不觉进入与这首歌曲意境相同的心理情境中。在创设情境时，还可在演唱的过程中加入"哄宝宝睡觉"的情境，让幼儿进入其中，享受歌曲的意境。

由于幼儿具有爱玩的天性，在幼儿园时期，教师不能控制和打压这种可贵天性，要想完成教学课程，让幼儿们真正学习课堂内容，同时又很好地保护他们的天性，可以从设定课程游戏入手，将两者进行结合，让幼儿在玩中学习，在玩中潜移默化地学会音乐知识，并且熟练掌握课程的内容，让幼儿流连忘返。在平时的休息玩乐中，也可以进行这种富有教育性的游戏。幼儿的兴趣被调动起来，在无学习压力的情况下，能更好地融入其中，学习和掌握更多的知识。

四、幼儿园音乐游戏课程的设计实践

（一）直接诠释歌词的身体动作游戏设计

这类游戏化方式类似歌唱表演，是幼儿园音乐教学中最常用的一种教学方法。但歌唱表演与直接诠释歌词的身体动作游戏化是有区别的：第一，身体动作游戏化是在幼儿学会开口歌唱之前进行的，而歌唱表演则有可能在幼儿学会歌曲以后才进行；第二，身体动作游戏化是内容与形式的双重要求，要求身体动作不只是表达歌词内容，更重要的是表达音乐元素标准，而歌唱表演对幼儿的合拍、与句子共呼吸等有要求。

（二）情境设置游戏设计

营造良好的心理情境能有效地发挥人在环境中的主体性，并通过外界刺激提高主体对环境的感受力。在幼儿园音乐教学活动中，同样可以创设音乐的心理情境。幼儿在认真倾听歌曲的同时，也结合自己的日常经验体验到不同的情绪情感，进而提高了对音乐的感受力、鉴赏力。在这个情境中，不需要太多的言语来表达，只需要用优美的歌曲来填充，把幼儿自然而然地带入歌曲的情境之中，激发他们通过自发联想进入想象的特定情境。

（三）角色扮演游戏设计

音乐课运用角色扮演游戏进行，从伴着音乐讲故事开始，让幼儿想象自己是故事里面的角色，从而促进幼儿理解歌曲。

在教学中，教师采用逐层进入的方法，让幼儿边玩边学，在玩中学唱，在唱歌的同时玩游戏，减轻了幼儿学习的负担，使得歌曲的学习在游戏中自然进行，更显趣味性。歌曲的动作根据角色游戏表演的情境的需要做出，来自幼儿的自然产生，使得游戏更富有情境性、创造性。

（四）有音乐伴奏的日常生活游戏与身体动作游戏的组合

日常生活游戏指幼儿在日常生活中玩的活动，它与规则游戏在教师的带领下完成不同，是幼儿独立能玩的，如果教师带领幼儿玩这种游戏，一般具有教学提升目的。

例如，日常生活游戏——找朋友。鼓励幼儿用自己的方式表现四个乐句，对有创意的想法及时给予肯定。请个别幼儿展示自己的方法，并带领大家集体感受这四个乐句。幼儿呈散点式站立，在每一个乐句的第一拍开始扮演蝴蝶走小碎步去找其他的蝴蝶朋友，到这一乐句的最后一拍时必须找到朋友，并且和朋友做一个交流的身体动作。到下一句开始，重复以上过程，可变换交流身体动作。提醒幼儿注意倾听音乐，走小碎步去找朋友，在找朋友的过程中不与同伴互相碰撞；鼓励幼儿创编不同的交流动作，相互学习。游戏时，要求能较准确地分辨乐句，并能在乐句末找到朋友，且不与别人发生碰撞。

第三节　幼儿园音乐教育生活化实施路径

一、幼儿园音乐教育生活化的概念及特点

生活是生命的存在形式，作为生命体的人在生活中存在和发展，即人在生活中舒展着自己的生命，体验着自己的生存状态，享受着生命的快活以及生活的乐趣。美国教育学家杜威则指出，生活包括了习惯、制度、信仰、胜利和失败、休闲和工作。就人类来说，信仰、理想、希望、快乐、痛苦和实践的重新创造，伴随着物质生存的更新。通过社会群体的更新，任何经验的延续都是实在的事实。教育在它最广的意义上，就是这种生活的社会延续。幼儿园音乐教育的生活化关注的是幼儿在幼儿园中经历着的、促使其生长与发展的一日生活过程。幼儿园教育应该关注幼儿的一日生活，不管是内容的选择还是组织方法的采用，都应该与幼儿的生活经验紧密联系起来。具体来说，幼儿园音乐教育生活化概念的内涵主要包括以下两方面的内容：

（1）在幼儿园一日生活的各个环节之中融入音乐元素。幼儿园的一

日生活环节包括入园环节、盥洗环节、进餐环节、如厕环节、喝水环节、过渡环节、午睡环节、离园环节以及集体教育环节。我们在除音乐教育活动之外的集体教育活动中以及幼儿的其他一日生活环节中加入音乐元素，能够很好地激发幼儿学习与参与活动的兴趣，让幼儿在一个轻松的氛围中以一种愉悦的心情进行新知识与新技能的学习，从而更好地帮助幼儿园各个生活环节顺利地开展与实施。

（2）幼儿园专门的音乐教育活动中也要渗透生活元素。幼儿园专门的音乐活动主要包括歌唱活动、韵律活动、音乐欣赏活动、打击乐演奏活动等。在这些活动中渗透与生活密切相关的音乐教育内容，可以使幼儿在具有一定熟悉度的生活经验背景下学习音乐，感受音乐的魅力。

二、幼儿园音乐教育生活化的实施路径

（一）选取具有生活气息的优秀音乐作品

生活化的幼儿园音乐教育一定是动态的、过程性的，一定是生态的、有机联系的，一定是互动的、平等对话的，一定是全面的、和谐的，一定是源于幼儿生活、与幼儿生命成长紧密相连的，一定是站在幼儿立场上、由幼儿亲自参与的，因为只有真正关注生活世界的音乐教育才是完整的、真实的人的教育。《3～6岁儿童学习与发展指南》中指出"经常让幼儿接触适宜的、各种形式的音乐作品，丰富幼儿对音乐的感受和体验"。匈牙利作曲家、民族音乐理论家、音乐教育家柯达伊认为，幼儿音乐教材的来源有三：一是儿童生活中的游戏、童谣和圣歌；二是民间音乐；三是经典的创作音乐，即由著名作曲家创作的音乐。当然，还要关注幼儿自己感兴趣的音乐作品。借鉴柯达伊的观点，我们可以将具有生活化气息的优秀音乐作品归为以下几类。

1. 与幼儿生活息息相关的音乐作品

音乐是一门听觉的艺术，要学习与生活有关的音乐，就要引导幼儿注意收集生活中各种事物的声音，所以我们要注意培养幼儿"倾听"音乐的能力。这种"倾听"，是一种有意识的、注意的"听"，它不仅需要幼儿注意地参加，有时还需要感情的参与。

第一，来自自然的声音。就是要让幼儿倾听自然中的下雨声、打雷声、鸟叫的声音、水流的声音、风吹的声音等，提高幼儿对于这些声音的敏感性与熟悉度，培养幼儿倾听的习惯与能力，提高幼儿对声音的记忆力、敏锐性，使幼儿更好地感受音乐作品的情绪，积累一定的听觉

经验。

第二，来自幼儿生活情境的声音。生活中的音乐包括锅、碗、瓢、盆碰撞的声音，各种动物的叫声，各种交通工具的声音等。这些生活中的音乐，节奏感和形象性是很强的，是对幼儿进行音乐熏陶的绝佳教育资源。教师应当注重挖掘幼儿生活中可以利用的音乐教育资源，丰富幼儿对声音的认知，培养他们对于不同声音的敏锐性。

例如，在下雨的时候，教师就可以结合"雨"这个主题开展一系列音乐活动，如进行歌曲《大雨和小雨》的演唱活动，教师可以先带领幼儿观赏真实的下雨情景，让幼儿感受大雨和小雨声响的不同。然后再进行歌曲的教学，幼儿就能更好地领悟歌曲中所唱的"大雨哗啦啦"和"小雨淅沥沥"的形象。同时教师也可以进行打击乐演奏活动的教学，引导幼儿先仔细倾听雨水落下的声音，感受大雨和小雨之间节奏与声势的不同，之后鼓励幼儿用自己的方式来表现对所听到声音的强弱、快慢以及节奏的变化，并尝试用不同的乐器来表现这种变化，如雨点急促时的摇奏、雨势放缓时的击奏。教师还可以组织音乐欣赏活动，如让幼儿欣赏肖邦的轻音乐《雨滴》，感受雨滴的声势变化；如果下雨时伴随着电闪雷鸣，还可以让幼儿欣赏小约翰·施特劳斯的《电闪雷鸣波尔卡》，通过教师的引导将音乐作品中的旋律与生活中的电闪雷鸣节奏相结合，让幼儿以现实的生活情境来理解音乐的情绪。

把幼儿的周围生活作为音乐素材的教育活动可以激发幼儿学习音乐的兴趣，激活幼儿的音乐想象力和音乐创造力，让幼儿园的音乐教育活动不再是使教师感到无从下手、捉襟见肘的一个教学部分，而是可以让幼儿在优美的音乐旋律中体验到生活美好情趣的活动。

第三，来自幼儿兴趣和需要的音乐作品。与幼儿生活息息相关的幼儿园音乐教育还要关注幼儿自己的兴趣与需要。在调查中发现，虽然在专门的音乐教育活动中，教师教授怎样的音乐内容，幼儿就会学习怎样的音乐内容。但是，幼儿对不同的音乐内容表现出来的兴趣是不同的，学习效果也存在很大差异。他们更喜欢的是节奏性强、作品描写内容与他们的生活息息相关并带有很强表演性质的作品，在幼儿园教材中他们就喜欢《幼儿园里好事多》《粗心的小画家》《胡说歌》《小老鼠打电话》等儿童音乐作品。

在平时的生活中，幼儿喜欢的音乐作品范围很广泛。例如，2011年春节联欢晚会上的《爱我你就抱抱我》就深受幼儿的喜爱，这首歌曲是由彭野老师创作的"新儿歌系列"中的作品，旋律朗朗上口，也表达了幼儿希望得到爸爸妈妈更多关心与陪伴的心声；还有热播电视节目《爸爸去哪儿》的主题曲《爸爸去哪儿》也在幼儿园中掀起一股热潮。笔者在幼儿园调查期间发现，幼儿时时刻刻将这首歌挂在嘴边，通常还会一起开心地唱，甚至在元旦联欢会中进行了集体表演。另外不可缺少的还有幼儿最喜欢看的动画片中的歌曲，这些歌曲都是切合动画片内容又符合幼儿年龄特征的，幼儿通常都是在看动画片的过程中就很容易地学会了。例如，《喜羊羊与灰太狼》中的歌曲《别看我只是一只羊》，《蓝精灵》中的《蓝精灵之歌》，《哪吒传奇》中的歌曲《少年英雄小哪吒》，等等，都受到幼儿的热捧。

关注幼儿喜欢的音乐，才是关注音乐教育生活化最重要的一点，因为这些音乐都从幼儿本能需要的立场出发，是一种天然的、游戏式的、从幼儿的生活里截取的、符合幼儿自身年龄特征的、生活化气息浓厚的音乐。在这样的音乐里，幼儿可以没有压力地学习，可以随心所欲地表现，可以根据自己的愿望随意地创造。这些才是生活化的音乐，也是最适宜幼儿生命成长与发展的音乐。

2. 具有民族民间风格和本土特色的音乐作品

第一，民族民间音乐。柯达伊认为："儿童是民族的未来，民间音乐文化是民族本质最完美的音乐表现，也是培养良好艺术趣味的基石。让儿童从小就了解和热爱自己民族的音乐，不仅可以不断积累民族语言，更是一个增强民族意识、培育民族情感的过程。"民族民间音乐来自生活，表达人们的生活情感。它们承载着各民族人民丰富的文化与丰厚的情感，其表现形式是多样的，包括民族歌曲、民族乐器演奏、民间音乐欣赏、民族舞蹈表演等。将这些民族民间音乐纳入幼儿园的音乐教育活动中去，可以使幼儿感受不同民族音乐给他们带来的不同音乐感受，丰富他们的音乐认知，开阔他们的音乐眼界，获取更丰富的审美体验。

柯达伊认为："民间传统的使命不在于为人民的音乐生活提供一个内容，它与生活仍有密切的联系，它含有一个伟大的民族音乐文化的精髓和形态。"我国有 56 个民族，每个民族都有具有自己民族特色的音乐文化。在幼儿园的音乐教育活动中，我们可以选择内容贴近幼儿生活、旋律与节奏符合幼儿的年龄特点、幼儿感兴趣的那一部分民族民间音乐融入幼儿的音乐教育活动中去。例如，在歌唱活动中，可以引导幼儿学习各个少数民族的特色歌曲，如藏族民歌《北京的金山上》《卓玛》，蒙古族民歌《我是草原小骑手》《吉祥三宝》《挺着肚皮的小淘气》《乌兰巴托的爸爸》，朝鲜族歌曲《桔梗谣》《辣白菜》，维吾尔族歌曲《尝葡萄》，彝族民族《阿西里西》《彝家娃娃真幸福》等。在这些歌曲中，幼儿可以感受到藏族的热情朴实，蒙古族长调的悠扬与短调的活泼，朝鲜族的抒情委婉，维吾尔族的曲折细腻，彝族的悠长深沉，激发学习民族文化的兴趣。同时，这些歌曲还可以让幼儿了解民间戏曲的简单知识与技能，如学习演唱将戏曲特征融入歌曲的《戏说脸谱（京歌）》《龟兔赛跑（京歌）》《悯农（京剧）》等曲目，让幼儿感受中国国粹——京剧的魅力，激发幼儿热爱中华文化的情感。

在幼儿园专门的音乐教育活动中，还可以让幼儿欣赏不同民族的器乐曲，这些器乐曲都是由不同的民族乐器演奏的，具有浓郁的民族特色，如葫芦丝演奏的傣族歌曲《月光下的凤尾竹》、唢呐吹奏的《百鸟朝凤》、琵琶曲《草原英雄小姐妹》、二胡名曲《二泉映月》等。幼儿在欣赏音乐的同时可以认识不同的民族乐器，了解不同乐器的音响效果与简单的演奏技巧。同样，在幼儿律动、打击乐演奏活动甚至音乐游戏中也可以渗透这样的民族民间文化，使幼儿的音乐活动丰富多彩。

第二，本土特色音乐。杨晓萍老师认为："从社会发展来看，学前教育回归生活课程着眼于传播本土知识为基础的本土的发展，当然，这并不是拒绝外来文化的封闭发展，而是强调本土文化对学前儿童的独特价值，因为在我看来，本土文化是本土人民长期生产生活实践的智慧结晶，是提高本土社会凝聚力的最好资源，让学前儿童学习和了解本土文化，可以增强其对民族文化的认识，从小树立民族自豪感。"

中华文化博大精深，每个地区都有自己的地方本土文化，当然也包括特色的音乐文化。我们在向幼儿传播民族民间音乐的同时还要顾及自己所在地的本土音乐，它们与幼儿的成长是息息相关的，是真正来自幼儿生活并能很好地被幼儿所接受的。拿地方本土音乐来说，有江苏民歌《茉莉花》、河南民歌《编花篮》、山东民歌《沂蒙山小调》、岭南童谣《落雨大（粤语）》、云南民歌《猜调》、四川民歌《太阳出来喜洋洋》等。这些本土音乐吸收了本土文化的精髓，有本土的地方语言特色，同时融合了幼儿生活中所接触到的地方文化元素，是幼儿园进行音乐教育活动的优良资源。

3. 经典的创作音乐

日本小提琴家、音乐教育家铃木镇一认为："儿童的音乐才能是通过后天的有效教育发展起来的，因此，为儿童提供优良的教育环境是音乐才能发展的第一个必要条件。"因此，在铃木体系中，优良的教育环境体现为"给儿童听由最好的作曲家创作的、最好的演奏家演奏的作品；让最好的老师来教儿童"。在幼儿园生活化的音乐教育活动中，我们也要为幼儿提供这样的优良音乐环境，在音乐欣赏的活动中，给他们听世界音乐宝库中符合幼儿身心发展特点的、与生活紧密联系的经典作品，让这些优秀的音乐帮助幼儿提升音乐的鉴赏力和欣赏水平。

例如，圣桑的管弦乐组曲《动物狂欢节》，一共十四个乐章，每一个乐章都用不同的乐器淋漓尽致地表现出不同动物的特征，有双钢琴演奏的雄武威严的《狮子进行曲》，有小提琴和钢琴演奏的惟妙惟肖的《母鸡和公鸡》，有低音弦乐器演奏的憨态可掬的《乌龟》，有低音提琴演奏的笨拙的《大象》，还有优雅的大提琴演奏的高贵的《天鹅》等。幼儿通过欣赏不同乐章的音乐就能够形象地感知到不同动物的特征，获得相关认知。此外，像里姆斯基·科萨科夫的管弦乐曲《野蜂飞舞》可以让幼儿生动鲜明地感受到一群蜜蜂在花丛中飞舞的景象；德彪西的钢琴曲《雪之舞》在冬天下雪的时候放给幼儿听，可以让幼儿感受到雪花从空中旋转落下的状态；以及钢琴家班得瑞的轻音乐，如《静静的雪》《满天星》《迷雾深林》《日光海岸》《琉璃湖畔》《微风山谷》等都形象地展现了大自然的风光，使幼儿在优美的音乐中感受到大自然的美好。这样的作品还有很多，教师要有意识地去挖掘并有效实施，让这些经典的生活化音乐充斥幼儿的一日生活，提高幼儿的音乐感受力、音乐鉴赏力以及音乐表达能力。

所以，具有生活化气息的游戏音乐作品，必定是源于幼儿生活、关注幼儿自身生命成长与发展的音乐作品；必定是符合幼儿的年龄特征并符合幼儿自己的兴趣与需要的音乐作品；必定是来自民族民间、具有地方本土气息的优秀音乐作品；必定是好的作曲家创作、世代流传的经典音乐作品……我们需要给这些优秀的音乐作品一个发挥作用的空间，让它们的教育作用与审美作用得到充分发挥，这样才能为幼儿营造一个良好的音乐学习环境，让幼儿接受优秀音乐作品带来的积极影响。

（二）使用贴近幼儿生活的音乐教育过程设计

音乐是一门很强调实践性的学科，生活化的音乐教育内容更是如此，只有在音乐教育活动中让幼儿亲自用口、手、身体等进行练习与实践，幼儿才能获得对于教育内容最直接的感知与体验，切实感受到音乐的魅力。这就要求教师为幼儿尽可能多地提供参与和实践的机会，把更多的教学活动时间用于幼儿自己的操作，而不是教师的讲授。在奥尔夫看来，"音乐出于动作，动作出于音乐"两者从"原本性音乐"的存在方式上讲，就是不可分而互为作用的。

例如，《幼儿园里好事多》就是一首与幼儿一日生活紧密联系的歌曲律动，歌词的内容"小桌子谁擦的，小椅子谁摆的，一排排手绢谁洗的，一件一件好事谁做的……"所描述的就是生活内容。笔者发现，在幼儿园大班中，这首歌曲凭借其所描述的幼儿生活内容和好听的旋律受到了幼儿的一致欢迎。在教师配上生活化的律动之后，幼儿积极表现这首歌曲的欲望就更加强烈。这是因为歌词的内容贴合幼儿的生活实际，而且生活化的动作比较容易掌握，同时这种边唱边做运动的形式可以将他们从座位上解放出来，使他们全身心地参与到音乐活动中。

又如，在打击乐教学活动中，教师主要是借助打击乐器让幼儿完成打击乐曲的节奏演奏，并通过操作打击乐器促进他们的大肌肉动作与小肌肉动作的发展。美国著名的音乐教育心理学家詹姆士·墨塞尔说过："器乐教学可以说是通往更好的体验音乐的桥梁，事实上它本身就是一个广泛的音乐学习领域。"幼儿园的打击乐器有碰铃、铃鼓、沙球、三角铁等，这些小乐器的加入使得幼儿对打击乐演奏活动的兴趣大增。在教学中，教师可以鼓励幼儿做"土乐器"，如一个空易拉罐、几只碗碟或者几块竹片就可以用来演奏。教师也可以与幼儿将空塑料瓶里装上沙子，就是一个简单的沙球。由于幼儿自己参与打击乐器的制作，将这些自制的"土乐器"作为课上演奏的乐器，，会大大提高幼儿学习打击乐演奏的积极性，课堂的学习效果会更好，同时也会使他们明白来自生活的材料可以充分利用到音乐学习中，让他们更加关注生活、关注生活与音乐的联系。

（三）在幼儿园生活活动中渗透音乐

生活类活动是幼儿一日生活过程中的主要部分，用音乐来帮助幼儿生活活动的开展，既能使幼儿在轻松的氛围中以一种愉快的心情进行生活技能的学习，也有助于促进幼儿园一日生活环节的顺利进行。我们可以在一日生活的各个环节渗透音乐元素，让幼儿能够"唱做一体"，即以音乐的形式来促进幼儿对生活技能的学习。

1. 入园环节音乐

入园环节是幼儿一日生活的开始。用一个欢快的音乐氛围来迎接幼儿，可以使幼儿感受到幼儿园活泼、亲切的氛围，让幼儿以一种愉悦的情绪与家人告别，尽快投入幼儿园的生活之中。所以，在入园环节中，我们可以在园内放一些旋律轻快的歌曲，如《快乐的一天开始了》《早上好》以及彭野老师的新儿歌《清早听到公鸡叫》等，为幼儿创设一个良好的入园氛围。

2. 盥洗环节音乐

盥洗环节是保障幼儿身体健康的重要防线，所以，幼儿园非常重视盥洗环节的开展，经常采用多种方式培养幼儿良好的盥洗习惯。"唱做一体"就是非常有效的一种方式。为幼儿的洗手活动、洗脸环节等编制一些顺口的小儿歌，幼儿可以边唱儿歌边进行盥洗活动，在为单调的盥洗活动增加一丝乐趣的同时帮助幼儿熟记盥洗过程和要求，尽快掌握正确的盥洗方法。例如，洗手活动中在打上肥皂搓洗双手的时候，为了促进幼儿认真洗手，教师可以为幼儿编这样一个童谣：

搓泡泡

手心手心搓搓搓，

手背手背搓搓搓，

指缝指缝搓搓搓，

大拇指呀搓搓搓，

指尖关节搓搓搓，

手腕也要搓搓搓，

泡泡白白多又多。

在洗脸活动中，可以选择《小毛巾》这首儿歌，"小小毛巾爱玩水，洗了眼睛鼻子嘴，还跟耳朵亲亲嘴……"简单的旋律，重复的歌词，让幼儿很轻松就能边唱边做，帮助他们养成正确的洗脸习惯。

3. 进餐环节音乐

一日三餐中，幼儿要在幼儿园里吃两餐两点或三餐一点，所以，保证幼儿愉快地进餐对于保持幼儿的身体健康和良好行为习惯的养成是很重要的。在进餐时，可以播放一些舒缓轻快的音乐为幼儿创设一个良好的进餐环境，如小约翰·施特劳斯的《蓝色多瑙河》、钢琴曲《天鹅》等，既能使幼儿愉快平静地进餐，又有助于幼儿审美情趣的提高。

4. 午睡环节音乐

午睡环节的时间比较长、比较安静，是幼儿一日生活中恢复体力的一个环节。在入睡时给幼儿放一些轻柔舒缓的音乐能够放松幼儿的身心，可以帮助他们更好地入睡。例如，舒曼的《梦幻曲》、舒伯特的《小夜曲》、爱德华·格里格的《催眠曲》、勃拉姆斯的《摇篮曲》，还有彭野老师新儿歌系列中的《摇篮曲——舒伯特》《摇篮曲——勃拉姆斯》《摇篮曲——莫扎特》《摇篮曲——宝贝》《摇篮曲——月儿明》等。这些轻柔的音乐既可以为幼儿创设一个宁静的睡眠环境，也有助于提高幼儿的睡眠质量。

在幼儿起床时，可以放音量适中、轻松欢快的音乐帮助幼儿从睡眠环境中尽快清醒过来，以饱满的热情投入下午的活动。这时就可以选择小约翰·施特劳斯的《拨弦波尔卡》、肖邦的《小步舞曲》、中国唢呐名曲《百鸟朝凤》等音乐，也可以做几分钟的起床韵律操，帮助唤醒幼儿的身心。

5. 自由活动环节音乐

自由活动主要是指幼儿自己选择活动材料及玩伴的环节，包括早晨入园后幼儿自己玩玩具的时间，也包括活动环节之间的衔接时间和户外自由活动时间。这是幼儿最喜欢的一个环节，在这样一个活动环节中渗透音乐，会激发幼儿自由活动的兴趣，并在不知不觉中使幼儿享受到音乐之美。

例如，在早晨入园到吃早饭的时间段里，幼儿园一般会让幼儿自己玩玩具，这个时候就可以给他们播放最近学习过的歌曲，让他们在游戏的过程中巩固所学内容。在幼儿收拾玩具时播放《玩具兵团要回家》这首歌，通过歌曲中的榜样引导幼儿养成玩完玩具要放回原位的好习惯；在幼儿户外自由活动时，也可以选用一定的背景音乐为他们的活动增光添彩，如《快乐的游戏》等。

6. 离园环节音乐

离园环节是幼儿园一日生活的最后一个环节，是幼儿一天生活的结束，此时，幼儿一般会心情愉快地等待家长的到来。所以，在离园环节可以为幼儿播放一些愉快的歌曲伴随幼儿结束一天的幼儿园生活，让幼儿快快乐乐地回家，如《单簧管波尔卡》《啤酒桶波尔卡》《闲聊波尔卡》《大手牵小手》等。

三、幼儿园音乐教育生活化的价值分析

（一）保障幼儿园一日生活的顺利开展

幼儿园音乐教育生活化就是在幼儿园一日生活环节的实施中都要有音乐的参与，用与幼儿的生活经验息息相关的、幼儿熟悉和喜欢的各种音乐形式来促进幼儿园一日生活的顺利开展。

1. 激发幼儿的生活情趣

陶行知说："教育要通过生活才能发出力量而成为真正的教育。"教育只有成为精神之流进入儿童的生活，并成为儿童生活世界中生气勃勃的智慧和精神，才能真正发出力量而使教育成为真正的教育。跟其他年龄阶段的教育相比，幼儿园教育更应该回归生活，这是由幼儿特殊的身心发展特点决定的。幼儿的身体发育尚不成熟，心智发展处于具体形象和动作性思维阶段，他们对世界的感知是具体的、感性的、直观的和个人化的，他们更容易接受直观性以及游戏化的教育方式。

幼儿园音乐教育生活化所选择的音乐教育内容是幼儿熟悉和喜欢的，所选择的组织方式是游戏化的、直观的，而且是在幼儿的生活环节中开展的，这样就能够更好地帮助幼儿进行生活技能的学习和掌握，并在此过程中最大限度地培养幼儿对于音乐的学习热情，激发幼儿的生活情趣。

2. 提升幼儿的生活技能

由于幼儿身心发展的特殊性，幼儿的教育就在一日生活的各个环节中进行。我们应该将幼儿从固定的座位上解放出来，让他们不仅通过听觉，而且还要通过视觉、触觉、联想与想象进行感受、学习与创造，使幼儿获得丰富的经验和深刻的体验。

幼儿教育要坚持把幼儿的生命成长放在首要位置，幼儿园的着重点就是培养幼儿的基本生活能力，而基本生活能力的培养依靠的就是幼儿园的一日生活环节。我们知道，一日生活环节是具体的、琐碎的，各个环节之间也是紧密相连、有序进行的。幼儿只有熟练地掌握各个环节中所需的生活技能才能更好地适应幼儿园生活，才能获得自身的成长与发展。音乐教育生活化就是让幼儿"唱做一体"学技能，使幼儿在边唱边说的过程中，动作不断精确、生活技能不断熟练、自理能力不断提高。幼儿在这样轻松的音乐氛围中能够以积极的态度和情感学习各种生活技能与技巧，这样的教学效果要比教师单纯的说教好得多，也更容易被幼儿接受。

3. 丰富幼儿的生活经验

狄尔泰认为，"生活经验之于精神如同呼吸之于身体，正像我们的身体需要呼吸一样，精神也需要在情感生活的回应中实现并扩展其存在"。伽达默尔认为，"经验"这个词具有浓缩和强化的含义，"如果某事物被称之为经验，其意义就囊括于一个整体之中了"。狄尔泰说："生活经验彼此相互联系，像是交响乐行板的主题。"

幼儿教育的首要和根本就是丰富幼儿的相关生活经验，促进幼儿的生命成长与发展。幼儿的生活经验是整个的，这就要求我们在进行音乐教育生活化的时候，将音乐与一日生活的各个环节以及其他领域的教育内容互相联系、互相配合，力求丰富幼儿的完整生活经验。

（二）提高幼儿的音乐素养

幼儿园音乐教育生活化就是要让幼儿在各个生活环节中尽可能多地接触不同类型、不同风格的优秀音乐作品，以这些优秀的音乐作品来丰富幼儿的相关音乐经验，发展幼儿的音乐能力，提高幼儿的音乐素养。

1. 激发幼儿对音乐的兴趣

幼儿园专门的音乐教育活动都是以发展幼儿的基本音乐能力为基础的，在这样的教育目的下，音乐教育内容的选择就显得比较关键，既不能让幼儿感到难以掌握，又不能简单到无法激发他们进行活动的兴趣，也就是说，要在幼儿的"最近发展区"内进行选择。这时，来自生活的教育内容就成为音乐活动的一个最佳选择。

生活情景中的内容与幼儿的周围生活是息息相关的，他们对这些生活内容都有一定的认知与理解，能够很好地激发学习兴趣。即使是他们不熟悉的部分，因为在生活中有相关经验，也会激发幼儿进行探索学习的兴趣。这样的音乐教育既能够促进幼儿生活认知的增长，又能够培养幼儿的基本音乐能力，是幼儿园需要的教学内容。

2. 丰富幼儿对音乐的认知

"多元智能理论之父"——哈佛大学加德纳教授在其早期著作《智能的结构》一书中提出，音乐认知能力是众多重要的认知能力之一，是在人的发展中不可缺少的一项重要内容。幼儿期是音乐认知能力发展的重要时期，在这个时期内实施适宜的音乐教育，能够很好地促进幼儿音乐认知能力的发展。

生活化的幼儿园音乐教育活动注重的不是音乐活动的结果，而是音乐活动的过程；注重的不是教师的"权威"，而是幼儿的主体性；注重的不是幼儿对音乐技能技巧的掌握和各种标准化的要求，而是要培养幼儿的音乐能力，即音乐感受能力和音乐表达能力。这样，幼儿的音乐认知能力会显著增强，学会区分不同节奏、不同类型的音乐作品，甚至会用自己的方式来创作音乐。

3. 提高幼儿的音乐审美和表现能力

音乐是美的艺术，是由有组织的乐音，通过艺术加工创作出来，用以反映生活、表达思想情感的艺术形象，可以说，审美是音乐的基本素质。幼儿园音乐教育是以培养幼儿的审美能力为基础的，这就决定了音乐活动内容的选择要符合幼儿的年龄特征，并以幼儿能够接受的形式进行审美能力的培养。

幼儿园音乐教育生活化是源于幼儿实际生活的，是与幼儿生活经验密切相关的，可以更好地被幼儿理解和接受，更有效地激发幼儿的积极情感，也更容易激发幼儿的主动学习和积极探索的意识。在这种潜移默化的过程中，音乐的力量注入幼儿的心灵，从而培养其高尚的音乐情操，提高幼儿感受音乐、欣赏音乐和表现音乐的能力。

参考文献

[1] 夏力．回归生活：幼儿园教育活动案例和评析［M］．上海：复旦大学出版社，2008.

[2] 黄谨．幼儿园教育活动设计与指导［M］．上海：华东师范大学出版社，2007.

[3] 庞建平，柳倩．学前儿童健康教育［M］．上海：华东师范大学出版社，2008.

[4] 黄爽，霍力岩，姜珊珊，等．学前教育学：理论与实践［M］．上海：华东师范大学出版社，2017.

[5] 彭越，潘然．幼儿园教育活动设计与指导［M］．长沙：湖南大学出版社，2016.

[6] 郦燕君．学前儿童科学教育［M］．北京：高等教育出版社，2011.

[7] 施燕．学前儿童科学教育与活动指导［M］．上海：华东师范大学出版社，2014.

[8] 周京峰．学前儿童科学教育与活动指导［M］．北京：科学出版社，2016.

[9] 赵华民．学前儿童科学教育［M］．郑州：郑州大学出版社，2014.

[10] 南姣鹏．入学准备视角下幼儿学习品质的研究［D］．兰州：西北师范大学，2013.

[11] 许琼华．陶行知的幼儿科学教育理论与实践探索［D］．福州：福建师范大学，2003.

[12] 高祥．通过游戏来学与教：幼儿园游戏教学实践的个案研究［D］．重庆：西南大学，2014.

[13] 李瑞．《指南》视野下的幼儿园数学教育问题与对策研究——以济南市部分幼儿园为例［D］．济南：山东师范大学，2015.

[14] 李自斌．陈鹤琴儿童家之教育思想述评［D］．武汉：华中师范大学，2006.

［15］彭飞．从人学视角看幼儿体育课程教学的困境与出路［D］．长沙：湖南师范大学，2016.

［16］于慧慧，王中华．打造中国特色的学前教育——陶行知学前教育理论解读［J］．内蒙古师范大学学报（教育科学版），2012（4）：38－41.

［17］崔青华，张丽霞．杜威学前教育思想探析［J］．河北学刊，2011（5）：252－254.

［18］李婷．夸美纽斯的幼儿入学准备思想对我国幼小衔接的启示［J］．文史博览（理论），2016（11）：86－88.

［19］刘黎明．夸美纽斯天性教育思想探析［J］．教师教育学报，2016（4）：6－12.

［20］王彦君．卢梭《爱弥儿》中的自然教育思想对学前教育的启示［J］．齐齐哈尔师范高等专科学校学报，2017（2）：10－11.

［21］邹敏，张承宇，孙丽影．幼儿园游戏［M］．北京：科学出版社，2009.

［22］俞春晓．幼儿园集体教学活动设计方法与实例［M］．北京：中国轻工业出版社，2012.

［23］杨旭，杨白．幼儿园教育活动设计与指导（综合版）［M］．上海：复旦大学出版社，2012.

［24］蒙台梭利．发现孩子：了解和爱孩子的新方法［M］．胡纯玉，译．北京：世界图书出版社，2003.

［25］孟珍珍．卢梭学前教育思想研究［D］．济南：山东师范大学，2014.

［26］冯国利．论贾谊的教育思想及其政治哲学基础［J］．中国哲学史，2014（3）：35－40.

［27］吴珠丽．洛克的教育思想及其当代意义［D］．武汉：武汉理工大学，2008.

［28］陈萍．蒙台梭利学前教育思想在中国的引进及其影响［D］．太原：山西大学，2008.

［29］付蓓蓓．蒙田教育思想初探［D］．南京：南京师范大学，2008.

［30］周咏波．浅议洛克教育思想对我国当前学前教育的启示［J］．黑河学刊，2015（6）：86－88.

［31］周菁菁．十年来我国学前教育理论研究文献综述［J］．当代教育理论与实践，2015（2）：5－7.

［32］ 陈昌铎．陶行知"创造的儿童教育"思想及其现实意义［D］．武汉：华中师范大学，2003.

［33］ 张何杰．我国幼儿园"重智轻体"现象研究［D］．北京：北京体育大学，2017.

［34］ 张娜．学前教育课程模式设计研究［D］．武汉：华中师范大学，2013.

［35］ 刘晓东．学前教育理论发展存在的问题与未来的路向［J］．教育学报，2010（5）：43－49.

［36］ 张玲．学前教育专业音乐课程实施问题的研究——以重庆市 X 高校学前教育专业为例［D］．重庆：西南大学，2012.

［37］ 缪学超．英国学前教育课程的文化透视［J］．湖南科技大学学报（社会科学版），2014（4）：157－163.

［38］ 张阳．幼儿体育教师专业能力的研究［D］．长春：吉林体育学院，2017.

［39］ 孙小小．幼儿园传统体育游戏的开发与应用［D］．沈阳：沈阳师范大学，2016.

［40］ 王善安．幼儿园多元文化课程资源开发研究［D］．重庆：西南大学，2010.

［41］ 赵洁．幼儿园民间音乐课程资源开发研究——以安徽省花鼓灯艺术为例［D］．重庆：西南大学，2013.

［42］ 牟晓峰．幼儿园数学教育课程实施的现状研究［D］．烟台：鲁东大学，2012.

［43］ 姚亚飞．幼儿园数学课程目标研究［D］．重庆：西南大学，2012.

［44］ 姚建军．幼儿园体育教育人才培养模式研究［D］．长沙：湖南师范大学，2010.

［45］ 周强猛．幼儿园体育课程资源开发研究［J］．电大理工，2015（3）：40－41.

［46］ 刘丁玉．幼儿园体育课程资源开发与利用研究——以福州市 A 幼儿园为例［D］．福州：福建师范大学，2013.

［47］ 谌铜平．幼儿园体育特色课程实施的个案研究——以杭州市 X 区 J 幼儿园为例［D］．杭州：浙江师范大学，2013.

［48］ 高丽丽．幼儿园音乐游戏课程开发的案例探究［J］．文学教育，2016（12）：186－187.

［49］邱华翔．幼儿园园本课程开发的研究——以某幼儿园为例［D］．武汉：华中师范大学，2015.

［50］张海红．幼儿园园本课程资源融合利用的探索［D］．济南：山东师范大学，2008.

［51］明翠翠．张雪门幼儿教育思想及其当代意义［D］．济南：山东师范大学，2013.

［52］冷雪．张雪门幼儿教育思想研究［D］．哈尔滨：哈尔滨师范大学，2016.

［53］樊乐乐．中国近代学前教育课程设置研究——以学制为中心的历史考察［D］．杭州：浙江师范大学，2016.

［54］牛志梅．中职学前教育专业课程设置研究［D］．石家庄：河北科技师范大学，2014.

［55］朱宗顺．学前教育概论［M］．北京：高等教育出版社，2015.

［56］范惠静．幼儿园体育活动指导［M］．北京：北京师范大学出版社，2015.

［57］汤志民．幼儿园环境创设指导与实例［M］．上海：华东师范大学出版社，2013.

［58］姚伟．学前教育原理［M］．长春：东北师范大学出版社，2012.

［59］庄虹，陈瑶．新编幼儿园教育活动设计与指导［M］．北京：北京师范大学出版社，2011.